명품,
쓰임의
미학

시간을 이겨낸 이야기 :
손끝에서 탄생한 일상 속 명품

CONTENTS

세상에 단 하나뿐인 구두 2p
벨루티

시간과 유행을 초월한 명품 장갑 18p
마도바

주방의 자존심, 위풍당당한 30p
휘슬러

화이트 스타로 빛나는 42p
몽블랑

적도의 태양을 피해서 54p
파나마 햇

120년 전통의 빛과 향을 내는 66p
시어러 캔들

티파티 블루를 만들어 낸 **티파니**	78p	모카포트의 대명사 **비알레티**	154p
평생을 함께하는 테디베어 **슈타이프**	90p	공방에서 시작되는 명품의 힘 **샤넬**	166p
최초로 상표 등록한 **헹켈**	104p	살아있는 마이스터의 힘 **키르히탁**	180p
인지음향의 오디오 **뱅앤올룹슨**	116p	일상의 재미를 만드는 **알레시**	192p
전설에서 첨단으로 부활한 **몰스킨**	128p	장인의 기술을 존중하는 **프라다**	206p
오리가미에서 패션으로 **이세이 미야케**	140p	여행을 더욱 값지게 만드는 **하트만**	218p

프롤로그

　우리는 흔히 명품을 값비싼 물건으로 생각한다. 그러나 진정한 명품은 가격이 아니라, 그 안에 깃든 가치로 결정된다. 고급스러운 품질과 디자인, 정성을 들여 만들어진 물건은 그 자체로 하나의 예술이다. 명품은 단순한 소유를 넘어, 개인의 품격과 가치관을 드러내는 상징으로 삶의 가치와 의미를 더한다. 이 책은 공예, 시간이 빚어낸 명품에 대한 이야기이다. 장인의 섬세한 손길과 세월의 흔적, 그 속에 담긴 이야기를 세상에 들려주고자 한다.

　세상은 똑같은 물건들로 넘쳐난다. 마치 복사기로 찍어낸 듯 수많은 제품이 대량 생산되고 빠르게 잊힌다. 그러나 우리는 변치 않는 진정성, 시간이 지나도 의미를 잃지 않는 가치를 갈망한다. 이러한 갈망은 단순한 유행을 넘어, 본질적인 아름다움과 영원성을 추구하는 인간의 깊은 열망에서 비롯된다. 수십 년, 때로는 수백 년에 걸쳐 축적된 기술과 지혜, 그리고 손끝에서 느껴지는 따뜻한 온기, 시간이 켜켜이 쌓인 듯한 깊은 울림, 공예는 그 자체로 시간이 만든 예술이다.

　이 책은 일상에서 쓰이는 물건이 시간이 흐르며 명품으로 거듭되는 과정을 소개한다. 세월이 지나도 변치 않는 가치를 지닌 비밀은 무엇일까? 그것은 바로 장인의 손끝에서 한 땀 한 땀 정성 들여 빚어진 기술과 이어져 온 전통에 있다. 단순한 도구로 시작된 일상소품이 시간이 지나며 그 가치를 더해가는 여정을 따라가며, 우리가 진정으로 무엇을 가치 있게 여겨야 하는지에 대한 깊은 성찰을 이끌어낸다.

명품, 쓰임의 미학

시간을 이겨낸 이야기
손끝에서 탄생한 일상 속 명품

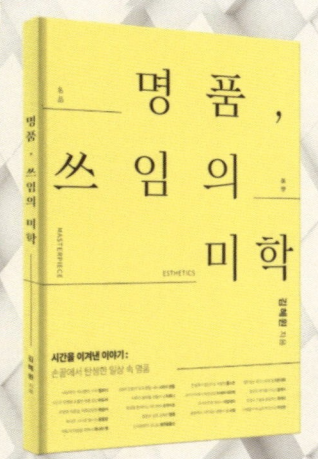

저자 김혜원 박사는 "명품에 대한 세상의 눈높이도 중요하지만 '쓰임'이라는 본질적 가치를 살펴보면 새로운 면을 볼 수 있다"며 "공예품은 단순한 장식이 아니라 실용적 목적과 예술적 가치를 동시에 추구하는 철학을 담고 있으며, 세월의 흔적이 더해진 물건이 진정한 명품"이라고 강조했다.

명품, 쓰임의 미학

시간을 이겨낸 이야기
손끝에서 탄생한 일상 속 명품

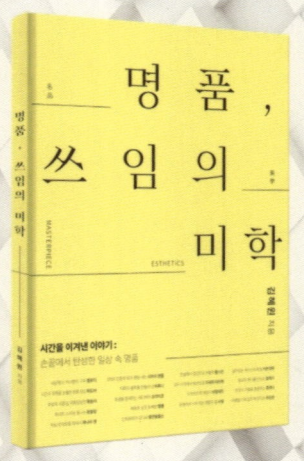

저자는 광고계에서 활동하며 치열한 경쟁 속에서 느낀
공허함을 극복하기 위해 유럽 미술관을 여행했다.
그곳에서 세월을 견디며 여전히 빛나는 작품들을 보며
진정한 가치는 시간과 함께 깊어지고
단단해진다는 깨달음을 얻었다.
이후 전통한지 연구에 몰두하며 석사와 박사 학위를 취득,
전통공예의 현대적 쓰임을 연구하며
현재는 한국전통문화전당에서 활동하고 있다.

전통 기술과 유서깊은 디자인으로 탄생한 공예품은 그 자체로 빛을 발하며, 시간이 지날수록 더 사랑받는 명품으로 자리매김한다. 각각의 공예품에는 장인의 땀과 노력, 깊은 사색이 깃들어 있다. 마치 살아있는 생명체처럼, 우리에게 이야기를 들려준다. 장인의 삶과 철학, 그리고 그 시대의 문화가 고스란히 담겨 있는 공예품을 통해 우리는 역사와 소통하며, 인류의 지혜를 배운다. 진정한 명품은 시간이 흐를수록 그 가치를 더해간다. 시간의 무게를 견디며 빛나는 공예품은 일상의 도구로 시작해 마침내 명품으로 거듭난다. 장인의 정성과 열정은 단순히 물질을 다루는 기술이 아니라, 그 자체로 삶의 한 형태다. 공예는 일종의 느린 사고로, 빠르게 지나가는 세상 속에서 영원한 가치를 만들어내는 방식이다.

이 책은 시간을 이겨낸 이야기: 손끝에서 탄생한 일상 속 명품의 세계로 여러분을 안내한다. 책은 전체적으로 18개의 아이템으로 구성되어 있다. 100년 이상의 전통을 이어온 브랜드를 대상으로 장인들의 섬세한 손길과 끊임없는 열정이 만들어 낸 놀라운 기술과 정신을 소개하고, 전통 기술과 현대 디자인의 융합을 통해 공예가 어떻게 새로운 가능성을 열어가는지 탐구한다. 그리고 현대 디자이너들과 최신 기술이 협업한 혁신적인 작품을 통해 공예의 미래를 살펴본다.

책은 각각의 내용마다 일러스트 이미지 자료를 수록하여, 독자 여러분께서 쉽게 이해할 수 있도록 구성했다. 이를 통해 공예의 매력과 가치를 새롭게 발견하고, 손끝에서 피어나는 시간의 예술이 여러분의 삶을 더욱 아름답게 만들어 주기를 바란다. 시대를 초월한 공예품은 우리의 문화와 역사를 보존하고 발전시키는 중요한 역할을 하며, 이를 존중하고 보호하는 것은 으리의 책임이다. 이 책이 자신만의 취향과 개성을 담은 명품을 만드는 계기가 되길 기대한다.

세상에 단 하나뿐인 구두
벨루티

    여느 때처럼 청바지에 티셔츠, 운동화를 걸치고 집을 나섰다. 광고회사에 다니다 보니 출근 복장은 늘 편안하고 자유롭다. 아뿔싸, 회사에 도착해서 비로소 알았다. 오늘은 일주일 전에 잡아놓은 소개팅 날, 매너는 아닌 줄 알지만 어쩔 수 없는 상황이었기에 그대로 약속 장소에 나갔다. 다만 기도했다. 상대방도 나와 비슷한 상황이길… 카페에 도착해 그나마 할 수 있는 최선의 노력으로 자세를 갖췄다. 얼마 후, 훤칠한 키에 훈남 미소를 띠며 깔끔하게 정장을 차려입은 남자가 카페 안으로 들어왔다. 2초면 머리에서 발끝까지 스캔되는 시각신경 반응능력 덕분에 '설마, 저 사람은 아니길' 희망했다. 그런데 그 남자가 떡 하니 내 앞에 앉았다. 얼마나 가슴이 뛰던지 혹시나 긴장한 내 모습이 들통나지는 않을까 애써 평범하게 인사했다. 내게도 이런 행운이 올 수 있다는 사실에 감개무량했지만, 하필 이런 날에 차림새가 허술한 나 자신이 얼마나 밉던지 그의 눈을 맞추기 힘들었다. 그래서 더 잘 볼 수 있었다. 그 남자의 구두를… 앞코가 뾰족하고 검은색이지만 붉은빛이 도는 가죽은 매끈하다 못해 거울처럼 빛났다. 얼마나 날렵하고 근사해 보이던지, 굳이 만져보지 않아도 부드러운 표면의 질감이 고급스러웠다. 남자의 구두가 그토록 아름다울 수 있다는 사실을 그때 처음 알았다. 구두에 대한 페티시즘은 그렇게 시작되었다. 물론 그 뒤로 나는 그 사람을 다시 볼 수 없었다.

진정한 신사의 품격

오늘날, 남자의 사치품이라 하면 시계나 벨트, 지갑이 떠오르지만, 진정한 신사의 끝판왕은 구두가 아닐까? "좋은 구두가 좋은 길로 인도한다"라는 말처럼, 구두는 단순한 액세서리 이상의 의미를 지니며, 그 사람의 성격, 취향, 심지어 삶의 방식까지도 나타내는 중요한 척도가 된다. 첫 출근길, 중요한 면접, 소중한 사람과의 만남 등, 매 순간마다 구두는 우리와 함께한다. 시간이 지나면서 구두는 점점 신은 사람의 발에 맞춰지고 편안해지며, 그와 함께 발걸음도 자연스러워진다. 구두가 닳고 주름이 생기듯, 오래 신은 구두의 주름은 세월만큼 의미가 깊어지는 지문이나 나이테처럼 우리 인생의 깊이감도 더해간다. 거친 길을 걸으며 넘어졌을 때, 다시 일어설 수 있게 해준 구두, 고된 하루를 마치고 돌아오는 길, 집으로 가는 발걸음을 함께해준 구두는 편안한 쉼과 안식처 같다. 연륜이 묻어나는 구두가 품격 있어 보이는 이유는 시간과 흔적, 철학을 담고 있기 때문이다. 여행지의 모래밭, 비 오는 날의 물웅덩이, 사랑하는 사람과 함께한 산책길, 모두가 구두에 담겨 있다.

발은 인체 공학적으로
최대의 걸작이자 최고의 예술품이다

레오나르도 다빈치는 사람의 발을 가리켜 "인체 공학적으로 최대의 걸작이자 최고의 예술품이다"라고 예찬했다. 그만큼 발의 중요함을 강조한 표현이다. 사람들은 저마다 발의 모양과 크기가 다르다. 느리게 걷지만 정직한 구두, 이에 딱 맞는 프랑스 맞춤 구두가 있다. 100% 수제 공정을 거쳐 만드는 벨루티(Berluti)는 개개인의 발 특성을 고려해 신체에 최적화된 구두를 만든다. 단 1mm를 맞추기 위해 온 힘을 기울이는 벨루티의 정성어린 노력과 장인의 가치를 인정한 이들은 여럿이다. 특히 케네디를 비롯한 피카소와 앤디 워홀, 이브 생로랑 등이 즐겨 신었고, 오늘날에도 할리우드 셀럽들이 벨루티의 주 고객이다.

핸드메이드 구두 벨루티는 실용성은 기본이자 패션의 아이템을 넘어 인생의 한 부분을 장식하는 중요한 수단으로 생각한다. 그래서 구두를 신는 사람과의 커뮤니케이션을 중요시한다. 단지 구두 제작만을 위해 발 사이즈를 측정하는 것이 아니라 고객과 깊은 의사소통을 한다. 그 사람의 발 사이즈 이외의 삶의 패턴을 알아야 편안하고 균형감 있는 신발을 제작할 수 있다고 보기 때문이다. 이것이 오늘날까지 핸드메이드 신발 브랜드로서의 명성을 지키고 있는 비결이 아닐까? 숙련된 장인들이 수백 개의 공정을 거쳐 섬세하게 제작하는 벨루티 구두에서 전통적인 아름다움과 현대적인 감각을 동시에 느낄 수 있다. 또한 다양한 스타일과 디자인의 구두를 선보이며, 시대의 트렌드를 반영하면서도 벨루티만의 독창적인 개성을 만들어 낸다.

대를 잇는 슈메이커

마차를 조립하며 목공예 일을 하던 이탈리아 태생의 알렉산드로 벨루티(Alessandro Berluti)는 1865년 아드리아해 르마르케에 있는 작은 이탈리아 항구 도시 세니 갈리아에서 태어났다. 어린 시절부터 손재주가 뛰어나 마차를 제작하는 견습생으로 일하던 중 우연히 프랑스에서 온 구두 장인에게 매료되었다. 그는 마스터 슈메이커를 꿈꾸며 기술 연마를 위해 고향을 떠나 파리의 넓은 시장으로 뛰어들었다. 파리에 도착하여 10년 동안 구두 제작 기술을 연마하고, 마침내 1895년 본인의 이름으로 된 공방을 열었다. 남자를 위한 특별 레이스업 신발 디자인을 개발하고, 스티칭이 없는 한 장의 가죽을 사용하여 바느질과 유연성을 강조한 구두를 출시한다.

그 뒤로 아들 '토렐로 벨루티'는 아버지로부터 구두 제작 기술을 이어받고, '명품 수제화 숍'을 내면서 본격적으로 가업을 전수받게 된다. 그 역시 아버지와 같은 열정으로 슈메이커의 길을 걸으며 자신만의 개성과 창의력을 표현하며 구두 이외의 부츠 제조 기술 연구에 몰두하는 등 새로운 신발 디자인을 제작했다. 당시 유행하던 아르데코 양식을 과감하게 반박하며, 레이스 패널 옥스퍼드와 편안한 신축성 부츠를 세상에 선보이는 데 크게 성공했다. 그 뒤로 3세대인 '탈비니 벨루티'가 바통을 이어받아 남성적인 실루엣을 스케치하면서 디자인 재능을 키워갔고, 상징적인 레이스업 로퍼와 같이 남성적인 우아함을 표현하는 데 주력했다. 이는 역동적인 전후 시기에 태어난 젊은 남성들에게 구두계의 새바람과 함께 혁신적인 시대를 예고했다.

21세기 엄청난 속도로 발전하는 과학적 진보와 문명의 전환기를 맞이한 변화의 시점에서 예술가들은 다양하고 특별한 길을 탐구하게 되었다. 벨루티 역시 곡선 구조와 엄격하고 규칙적인 패턴 양식에 도전하며, 전통적인 기술 표현과 새로운 문화예술을 반영하고자 했다. 특히 파리의 건축에서 영감을 얻어 순수하고도 고전적이며 시대를 초월한 형식을 구두 디자인에 적용한다. 오늘날 벨루티에서 클래식 디자인은 전통적 가치를 담고 있지만 그렇다고 현대적 라이프스타일을 표현하는 데 있어 제약 조건은 아니다. 벨루티의 디자인은 화려하되 사치스럽지 않고 순수하되 고급스러움을 유지한다.

수제화로 큰 성공을 거두면서 벨루티는 시대적 흐름에 맞춰 제작 기간을 단축한 기성화 라인을 출시하게 된다. 이로써 일체 수작업으로 진행되는 라인보다 작업량을 줄이며, 더 많은 고객을 확보하며 성장할 수 있게 되었다. 특히 4대 계승자인 '올가 벨루티'의 활동을 통해 국제적으로 시장 범위를 확장하며, 신진 디자이너들과의 교류를 통해 아이디어를 끊임없이 뽑아내며 그들만의 차별화된 전통을 만들어간다.

최고급 가죽의 탄생

가죽 제품의 가치를 결정하는 중요한 요소는 바로 가죽의 품질이다. 특히 구두의 경우, 우수한 품질의 가죽을 사용해야 편안하고 내구성이 뛰어난 구두를 만들 수 있다. 올가가 선보이는 베네치아 가죽은 최고급 가죽 제품을 위한 특별한 방법으로 제작된다. 일반적인 가죽은 염색과 후가공을 거친 후 사용하지만, 올가 베네치아 가죽은 40시간 이상의 꼼꼼한 수공 작업으로 1차 왁싱 과정을 거친다. 이 과정을 통해 가죽 섬유 사이에 왁싱제를 충분히 침투시켜 내구성과 광수성을 극대화한다. 1차 왁싱 과정을 거친 가죽은 베니스의 갯벌 속에서 천연 숙성된다. 갯벌의 미네랄과 해조류 성분이 가죽에 스며들어 독특한 풍미와 아름다운 광택을 더하며, 천연 숙성 과정을 통해 가죽이 더욱 부드러워지고 촉감이 좋아진다. 베네치아 가죽은 살아있는 피부처럼 생명력을 유지하도록 엄격하게 관리된다. 온도·습도·통풍 등을 꼼꼼하게 조절하여 가죽의 상태를 최적화하고, 이러한 관리를 통해 오랜 세월 동안 변함없는 구두의 상태를 유지할 수 있다.

　가죽 제작 과정에 가장 기본 단계인 무두질은 원피에서 불필요한 부분을 제거하고, 유제를 이용하여 단백질을 변성시킨 후, 사용하기 편리한 상태로 만든다. 무두질을 하지 않은 동물의 가죽은 부패하기 쉽고 물에 담그면 팽창하며, 건조하면 단단해져 사용이 힘들다. 그래서 반드시 무두질이 필요하다. 또 가죽을 손질하는데 염색이 되지 않은 생가죽을 장인이 일일이 손으로 작업한 뒤 붓이나 솜 그 밖의 도구들을 이용해 수작업으로 색을 내는 파티나 방식이 있다. 세밀하고 정교한 수공예 기술의 파티나[1] 기법은 염색하는 장인이 누구냐에 따라 디자인과 색상이 같더라도 다른 분위기의 구두가 만들어진다.

1　파티나(patina) 기법: 자연스러움을 배가시키는 염색 기법으로, 가죽이 오래되어 바랜 듯한 효과를 준다.

구두 제작과정은
마치 성당 한 채를 건립하는
공정의 수와 같다

벨루티를 대표하는 이 파티나 기법은 색상을 자유자재로 조절할 수 있으며, 발에 닿았을 때 딱딱하거나 무겁지 않고 편안하게 발을 감싼다. 또한 빛을 받는 각도에 따라 구두 색상이 미묘하게 달라지는 효과로 단 한 켤레도 똑같은 색상이 나올 수 없다. 이점이 250여 단계가 넘는 섬세한 수공 작업을 거쳐 만들어지는 핸드메이드의 진정한 매력이라고 할 수 있다. 이 작업에는 장인들의 땀과 정신이 어려 있다. '마치 성당 한 채를 건립하는 공정의 수와 같다'고 말할 정도로 독특한 색감과 질감 표현은 완성도 높은 명품의 가치를 보여준다. 이외에도 일본 타투에서 영감을 받아 '피어싱 타투아주'라고 하는 문신 기법을 활용하기도 하며, 고객이 원하는 문양을 구두에 새겨주는 개별 맞춤 서비스를 진행한다. 사람의 피부에 타투를 새기듯 구두에 타투를 새김으로써 고객들의 다양한 개성과 아이덴티티를 반영한다. 예술성과 섬세함을 담은 타투 컬렉션은 세상에 단 하나뿐인 나만의 구두로 재탄생한다.

세상에 단 하나뿐인 구두

최근 들어 '비스포크'가 우리 일상에 깊숙이 자리 잡았다. 원래 맞춤형 양복을 뜻하던 이 단어는 이제 의류를 넘어 다양한 분야로 확장되며 개인 맞춤형 서비스의 대명사가 되었다. 비스포크 가구는 집안의 공간과 분위기에 완벽하게 어울리는 디자인을 제안해 생활의 품격을 높여주고, 비스포크 주얼리는 소중한 순간과 감정을 담아 특별한 의미를 더해준다. 심지어 음식 분야에서도 비스포크가 자리 잡아, 개인의 취향과 건강 상태를 고려한 맞춤형 식단과 요리가 인기를 끌고 있다. '오직 한 사람을 위한 시대'가 도래한 것이다.

비스포크가 특별한 이유처럼 비스포크 구두의 가치는 더욱 특별할 수밖에 없다. 그만큼 수작업에 대한 가치가 높아지고 퀄리티를 추구하는 등 고가의 명품일수록 차별화된 비스포크 라인을 만든다. 특히, 비스포크 라인은 전 세계 벨루티 애호가들의 열렬한 지지를 받는다. 벨루티의 비스포크 라인은 본사 최고의 구두 장인이 세계 각국을 순회하며, 맞춤 구두를 주문받아 제작해주는 비스포크 세션(Bespoke Session)을 통해 이루어진다. 본사의 수석 슈메이커가 사전 예약한 고객을 상대로 1대 1 맞춤 서비스를 진행하는데, 우리나라에서도 연 1회 이상 내한해 프라이빗 비스포크 세션을 진행하고 있다.

벨루티

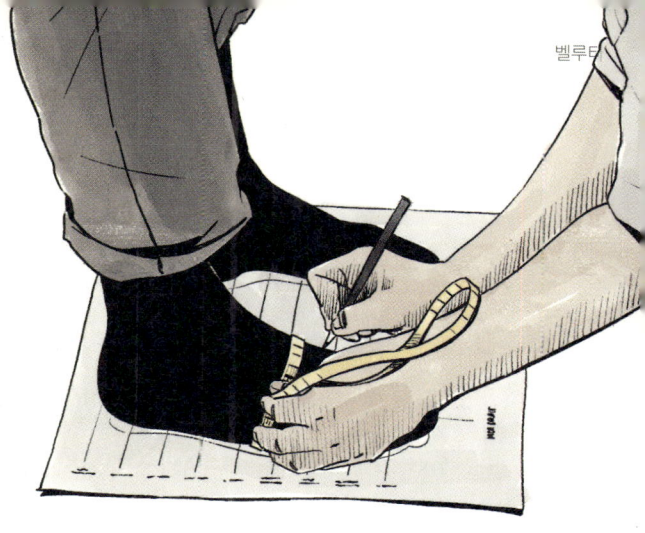

　먼저 발의 형태, 볼륨, 민감도, 무게가 실리는 포인트 등을 파악하기 위해 총 6~10곳의 발의 치수를 측정한다. 그리고 견고하며 밀도가 높은 목재와 강철 소재의 나이프를 이용해 슈즈 제작에 필요한 라스트(나무골로 만든 발본)를 조각한다. 라스트는 구두의 모양을 결정지을 뿐 아니라 착화감에 직접적으로 영향을 미치기 때문에 비스포크 구두를 만들 때 클라이언트의 걸음걸이, 신체 조건, 디자인, 사용된 소재 등 수많은 요소 간의 역학 관계를 잘 이해하고 만들어야 한다. 라스트 메이커는 구두의 우아한 라인을 유지하며 발의 형태에 완벽하게 피팅되는 슈즈를 위해 1mm의 오차도 없도록 주의를 기울이며 정교하게 작업한다. 그다음은 피팅과 볼륨, 최종적으로 제작을 위해 라스트가 정확한지 재확인을 통해 1차 피팅을 마치고, 이 라스트를 캔버스로 감싼 뒤 다시 펼쳐서 패턴을 그린 후 스카이빙 나이프를 이용해 레더를 커팅한다. 커팅된 레더 조각은 각각 위치를 맞춰가며 조립되고 봉제된다. 여기에 벨루티 비스포크만의 특별함이 있다.

구두 제작의 각 단계에서 각 분야의 장인들이 고객의 개인 맞춤 사항과 희망사항을 반영한다. 예를 들어 소비자의 요구에 따라 고객의 이니셜이나 패턴을 넣을 수 있으며, 특별한 디자인이나 자수 장식 등 개인 맞춤을 위한 무궁무진한 디테일의 옵션이 존재한다. 갑피가 완성되면 솔 제작 단계로 넘어간다. 이 과정은 구두의 견고성을 결정하는 스티칭 작업의 단계로서 고도의 정교함과 집중력이 요구된다.

수석 장인은 고객과의 대화를 통해 그들의 개별적인 요구와 특이사항 그리고 개개인의 발의 특성과 보행습관 등 신체적 조건과 라이프스타일을 분석해 고객 자신도 미처 알아채지 못한 부분까지도 구두에 반영한다. 한마디로 구두를 구매한다기보다 예술작품을 장만한다는 표현이 어울린다. 이렇게 고객의 발본을 만들고 가봉을 한 뒤 프랑스로 돌아가서 최종 구두를 제작하게 된다. 비스포크 슈즈는 치수 측정, 라스트 메이커, 패턴 메이커, 재단사, 슈트리[2] 등 총 6단계에 걸쳐 각 분야의 장인이 참여하게 되며, 소요되는 시간은 1년 가까이 걸린다. 물론 이렇게 한번 발본을 제작하면 본사에 발본 데이터가 저장되기 때문에 추후 제작 시 구두의 완성까지는 6개월 정도 단축된다.

---

2   슈트리(shoe-tree): 신발의 모양을 유지하기 위해 속에 넣는 구두의 골을 말한다. 고품질의 슈트리는 냄새를 억제하고 습기를 흡수할 수 있도록 시더 같은 단단한 나무로 만들어진다. 플라스틱제의 슈트리는 일반적으로 더 저렴하며 슈 키퍼(shoe keeper)라고도 한다.

슈메이커의 유구한 장인정신

벨루티는 100년이 넘는 세월 동안 가업을 이어오며 인종과 연령, 문화와 삶의 유형에 따른 수많은 발본 데이터를 확보해 왔다. 그동안 작업한 고객의 패턴과 작업 지시서를 모두 보관하고 있으며, 이렇게 구축된 다량의 데이터와 차별화된 노하우가 그들이 가지고 있는 특별한 무기인 셈이다. 특히 까다롭고 민감한 고객의 요구를 만족시키기 위해 제격이다. 그래서 기성화라고 해도 마치 맞춤 구두를 제작하듯 개인의 발의 특성과 사이즈, 보행 습관 등을 고려하여 본인에게 맞는 발본으로 제작된 기성화 라인을 선택하면 최고의 구두를 소유할 수 있다.

벨루티는 그 누구도 똑같이 만들 수 없는 매우 특별하고 소중한 구두를 만든다. 신발의 가죽 원단을 만들기 위해 엄격하고 까다로운 절차를 거쳐 최고급의 가죽을 선정하고, 식물성 염산 과정만을 고수하며, 최고의 장인들이 직접 가죽을 자르고 틀을 만들며 마무리까지 최상의 품질을 위해 100% 수작업으로 진행한다. 이러한 벨루티의 구두 제작은 지난 세월 전통을 이어 온 장인정신을 통해 진정한 명품으로 완성된다.

오랜 시간 동안 축적된 노하우와 그들만의 철학은 오늘날 벨루티의 브랜드 가치를 더한다. 대를 이어가며 쌓아온 그들만의 기술과 공정은 슈메이커의 장인정신이 그대로 느껴지는 섬세한 터치로, 시대를 아우르는 클래식한 디자인으로, 오늘날 정통 수제화의 대표 아이콘으로 자리 잡게 되었다. 전통의 가치를 계승하는 장인정신, 이것이야말로 명품의 퀄리티와 존재적 희소가치를 높이는 필수 요건이다. 그래서 명품 구두는 단지 값비싸고 좋은 신발을 신었다는 의미가 아니라, 그 구두가 탄생하기까지의 여정을 고스란히 향유 한다.

구두 제작 과정

- 구두 제작 과정은 크게 라스트 가공, 패턴 작업, 갑피 작업, 저부 작업, 마감 작업의 5단계로 나눌 수 있다.

- 라스트 가공은 발의 모양을 딴 골격을 고객의 발에 맞게 가공하는 단계로 라스트는 구두의 형태를 결정하는 중요한 요소다. 고객의 발에 맞는 라스트를 사용해야 편안한 구두를 만들 수 있다.

- 가공된 라스트에 맞춰 구두의 형태를 디자인하는 패턴 작업 단계, 패턴은 구두의 외형과 내부 구조를 결정하는 중요한 요소로, 정확한 측정과 정교한 작업이 필요하다.

- 갑피 작업은 디자인된 패턴을 가죽 위에 그려 재단하고 봉합하는 단계다. 갑피는 구두의 외형을 결정하는 중요한 요소로, 다양한 소재와 색상의 가죽을 사용하여 원하는 디자인의 구두를 만들 수 있다.

- 저부 작업은 갑피와 바닥을 결합하고, 굽과 창을 부착하는 단계다. 저부는 구두의 내구성과 착용감을 결정하는 중요한 요소로, 다양한 소재와 방식을 사용하여 우수한 성능의 구두를 만들 수 있다.

- 마감 작업은 구두의 표면을 다듬고, 염색이나 코팅을 하는 단계다. 마감 작업은 구두의 외관을 완성하는 중요한 요소로, 세심한 작업이 필요하다.

시간과 유행을 초월한 명품 장갑
마도바

　몇 년 전 극장가를 뜨겁게 달군 영화 '아가씨'. 글로벌 스타 박찬욱 감독은 특유의 미장센과 감각적인 스토리, 비주얼적인 영상미로 관객을 매료시킨다. '아가씨'는 원작 '핑거스미스[3]'에서 모티브를 가지고 한국판으로 새롭게 제작되었다. 영화는 1930년대 일제 강점기를 배경으로 막대한 재산을 상속받아 궁궐 같은 집에 살고 있는 귀족 아가씨와 아가씨의 재산을 노리는 사기꾼 백작, 그리고 백작에게 고용된 하녀를 중심으로 벌어지는 이야기다. 영화 '아가씨'는 박찬욱 감독의 디테일한 안목과 뛰어난 연출력이 돋보이는 작품이다. 그의 독특한 감각으로 빚어낸 '아가씨'에 대한 관심은 대단했다. 영화에서 특히 주목할 만한 것은 바로 장갑이다. 주인공 히데코는 영화 전반에 걸쳐 거의 모든 장면에서 장갑을 착용하고 등장한다. 영화 안에서 장갑은 단순한 패션 이상의 의미를 지닌 중요한 상징으로 해석된다. 감독의 디렉션은 시각적 모티프의 사용과 깊이 있는 상징성을 더하는데, 특히 영화가 상영되는 2시간 동안 장갑에 대한 시선을 피할 수 없을 만큼 주인공 히데코는 영화에서 특별한 순간을 제외하고 거의 장갑을 끼고 생활한다.

3　핑거스미스(Fingersmith): 영국의 작가 세라 워터스의 작품으로, 소매치기들 사이에서 자란 아이와 유산 상속을 노리는 사기꾼들의 모습을 통해 빅토리아 시대의 어두운 사회상을 묘사했다. '핑거스미스'는 소매치기를 뜻하는 19세기 영국의 속어이자, 주인공 중 한 명인 "수"가 사기를 치기 위해 사용한 이름이다. 2005년에 BBC에서 미니시리즈 3부작으로 제작되었다.

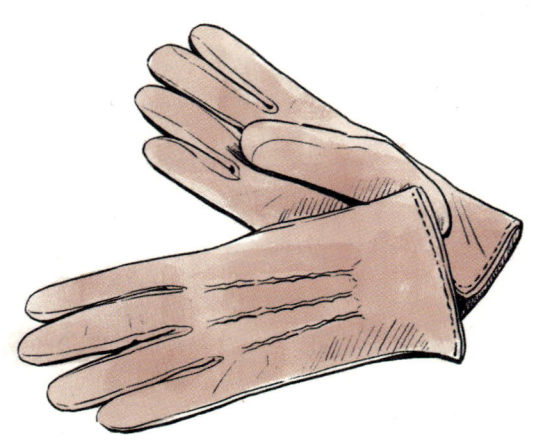

기호와 상징

장갑은 추운 날씨에 손을 보호하는 실용적인 용도뿐만 아니라, 의례 및 의식용으로 특별한 자리에서 착용하는 상징적 의미를 갖는다. 첫째, 장갑은 여성의 신분과 지위를 나타내는 상징물이었다. 귀족 여성들은 고급스러운 소재와 장식이 들어간 장갑을 착용하여 자신의 높은 신분과 명예를 과시했다. 이러한 장갑은 단순한 액세서리가 아닌, 사회적 관계의 상징으로 여성들의 품위를 드러내는 중요한 역할을 했다. 둘째, 장갑은 여성의 패션과 스타일을 강조하는 도구로 사용되었다. 손은 여성의 아름다움과 우아함을 나타내는 중요한 부분으로, 여성들은 장갑을 착용하여 손을 보호함과 동시에 손의 곡선을 부각시켜 아름다움을 더욱 돋보이게 했다. 역사적으로 장갑은 여성의 패션과 문화에서 중요한 역할을 맡아왔다.

영화 '아가씨' 안에서 여성은 사회적·성별적으로 억압받는 존재였고, 특히 귀족 여성들은 더욱 엄격한 제약 속에서 살아야 했다. 히데코가 착용한 장갑은 억압과 구속의 상징으로, 끊임없이 사회적 지위를 유지해야 하는 압박감을 가지고 있다. 동시에 장갑은 이러한 억압과 구속을 은폐하고, 사회적 요구에 맞추며, 자신의 진정한 감정과 의도를 감추는 역할을 한다. 히데코의 옷장에는 유독 장갑들로 가득 차 있다. 장갑 컬렉션이라 해도 과하지 않을 만큼 장갑이 많다. 물론 귀하게 모은 서책을 보호하기 위해 장갑을 착용하지만, 이모부의 억압으로부터 자신을 보호하기 위한 수단으로 작용한 것이라 짐작된다.

히데코는 겉으로는 우아한 귀족 여성으로 순종적인 모습을 보이지만, 속으로는 강렬한 욕망과 복수를 꿈꾸는 이중적인 모습을 갖고 있다. 영화의 끝은 결국 자신을 구속하던 장갑에 반지를 끼워 바다로 던지면서, 진정한 자유를 찾게 된다. 그렇게 화제가 되었던 영화 '아가씨' 덕분에 장갑에 대한 새로운 시각적 의미와 기호에 대해 생각할 수 있었다.

100년의 손길이 담긴 이야기

그즈음, 나는 피렌체를 찾았다. 피렌체는 도시 그 자체로 역사의 흐름과 시간의 발자취를 느낄 수 있는 곳이다. 문화는 한 도시의 정체성을 나타내는 중요한 수단으로 오랜 역사의 숨결을 동반한다. 이탈리아의 대표 관광지 피렌체는 중세 말기, 르네상스 이전부터 장인들의 손 솜씨가 좋기로 유명했다. 일찍부터 금 세공가, 무두장이, 실크와 가죽을 자르는 직공의 길드가 존재했으며, 오늘날에도 숙련된 기술과 자부심으로 장인들은 옛 솜씨를 이어가고 있다. 피렌체는 수공예의 역사와 전통을 자랑하는 만큼, 핸드메이드 제품을 구입하기에 최적의 장소이다.

피렌체의 공기 속에 녹아 있는
역사의 숨결과 장인들의
자부심이 깃든 장갑

피렌체에 도착한 나는 이 기회를 놓칠새라 가죽 장갑의 명물, 마도바 매장을 찾았다. 매장은 관광객으로 붐비는 유명한 '베키오 다리' 너머에 있어 나처럼 처음 방문한 외국인들도 쉽게 찾을 수 있었다. 베키오 다리와 함께 사람들이 줄을 서서 들어가는 마도바 매장은 겉으로 보기에 크지 않았다. 100년의 역사를 자랑하는 브랜드에 비해, 규모가 작아 놀라웠다. 매장은 몇 사람만 들어가도 꽉 찰 것 같았지만, 끊임없이 장갑을 구매하러 들어오는 사람들로 붐볐다. 쇼윈도에는 아기자기하게 다양한 종류의 가죽 장갑들로 가득 차 있었다. 내가 그곳을 방문한 시기는 5월의 봄, 춥거나 장갑이 필요한 시기가 아니었음에도 불구하고 나는 굳이 장갑을 구매했다. 마도바는 오직 장갑 한 종류만 제작해 온 만큼, 품질은 더할 나위 없이 정교하고 뛰어나다. 피렌체의 공기 속에 녹아 있는 역사의 숨결과 장인들의 자부심이 깃든 이 장갑들은 놓여있는 그 자체로 예술이다.

완벽한 피팅감

　유독 손이 작은 나는 딱 맞는 장갑을 찾기가 어려워 언제나 손가락 끝이 남아 헐거웠고, 그럴싸한 장갑을 껴봐도 만족스럽지 않았다. 일단 손을 내민 채로 초록색 쿠션 위에 팔꿈치를 올리고 손끝은 하늘을 향해 펼쳤다. 매장의 점원은 내게 원하는 색상을 고르라고 하더니, 강렬한 빨간색 장갑을 가지고 왔다. 내 손을 재본 것도 아닌데 어쩌면 그렇게 딱 맞추는지, 장갑이 내 피부에 닿는 순간 정말 할 말을 잃었다. 너무나 부드러운 감촉이 마치 내 피부의 일부처럼 자연스럽게 감기는 느낌에 놀랐고, 내 손의 치수를 미리 알고 제작한 것 같은 정확한 피팅감에 또 한번 놀랐다. 그때서야 나의 손 사이즈는 6인치라는 것을 알게 되었다. 내부에 두꺼운 캐시미어가 들어있는 이 빨간 장갑으로 나는 벌써 7년째 추운 겨울을 보내고 있다. 지금은 많이 낡고 허름해져 장갑의 표면에 깊은 주름이 새겨져 있지만, 이 낡은 장갑을 바라보며 시간의 소중함과 삶의 아름다움을 다시 한번 되돌아보게 된다.

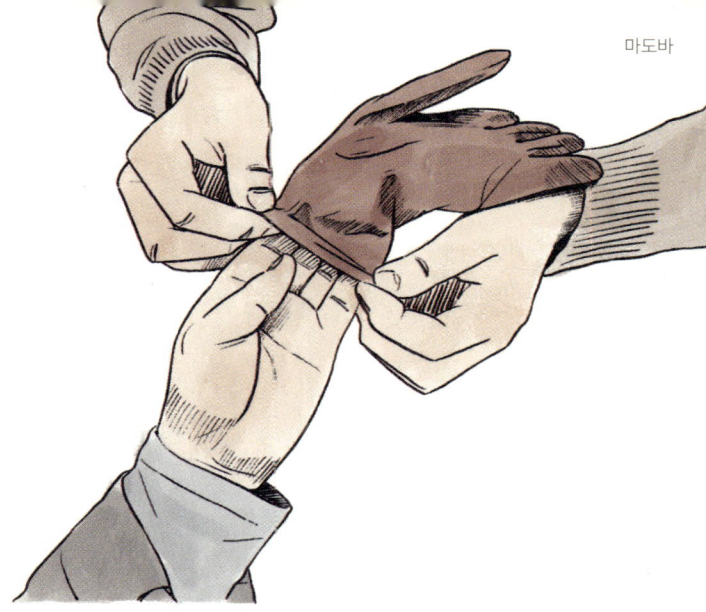

마도바

　역사적으로 중세 시대의 장갑은 권력이나 위엄을 상징하며 계급을 나타내는 도구로 사용되었다. 보석으로 치장하거나 고급스럽고 화려하게 만들어졌다. 이후 장갑의 사용이 보편화되면서 르네상스 시대에는 남녀 모두에게 필수품으로 유행하게 되었고, 장식적 효과도 더해졌다. 18세기에는 화려함이 줄어들고 보다 단순화되면서 여성들에게 중요한 소품으로 자리 잡았다. 상류층 여성들은 하루에도 몇 번씩 장갑을 바꿔 사용했으며, 나폴레옹 1세의 황비 조세핀은 한 번 사용한 장갑을 다시는 착용하지 않을 정도로 사치스러웠다고 한다. 19세기에는 음식을 먹는 시간을 제외하고는 실내외에서 거의 장갑을 착용할 만큼 장갑이 널리 유행했다. 마도바의 장갑은 이러한 역사적 배경과 전통을 현대에까지 이어오며, 그 정교함과 품질로 많은 사람들의 사랑을 받고 있다. 피렌체에서 만난 마도바의 가죽 장갑은 나에게도 그 역사의 한 페이지를 함께하게 하는 특별한 경험을 선사했다.

이탈리아 장인정신의 결정체

장갑에 사용되는 가죽의 소재는 다양하다. 사슴, 송아지, 멧돼지, 양가죽 등 용도에 따라 여러 종류의 가죽이 사용된다. 이외에도 캐시미어, 울, 실크, 벨벳 등을 안감의 소재로 한 장갑들이 있다. 손목이 보이는 짧고 귀여운 장갑부터 팔꿈치까지 오는 긴 장갑, 보석과 징이 박힌 장갑 등 다양한 스타일의 장갑들이 존재한다. 사소한 이음새부터 표면의 스티치까지 깔끔하게 처리된 장갑들은 흠잡을 데 없이 매끈하다. 매장에 진열된 장갑들은 디자인이 멋스러워 모두 소유하고 싶을 만큼 매력적이다. 특히 마도바 장갑은 한 치수당 하프 사이즈와 쿼터 사이즈로 세분화되어 있어, 손의 길이와 두께 등을 고려해 다양하게 제작된 장갑 본은 마치 손을 대고 직접 치수를 잰 것처럼 정확하게 맞아떨어진다. 마도바 장갑은 100년 전통의 탄탄한 기술력과 노하우를 바탕으로, 시간과 유행을 초월한 아름다움을 표현하기 위해 오늘도 손가락 마디마디 이음새를 정성껏 바느질한다.

도니(Donnini) 가문은 1919년에 처음으로 가죽 장갑을 만들기 시작했다. 할아버지 아메데오는 자신의 손으로 만든 장갑을 피렌체 사람들에게 선보였고, 그의 뛰어난 솜씨 덕분에 마도바 장갑은 금세 많은 사람들에게 사랑받게 되었다. 그러나 1930년대 경제 대공황과 2차 세계대전으로 인해 장갑 제작을 중단하고 문을 닫아야만 했다. 전쟁이 끝난 후, 아메데오의 네 아들은 각고의 노력 끝에 장갑 제조 공장을 다시 열게 되었다. 이들은 그 어느 때보다 열심히 일하며 마도바 장갑을 성공적으로 다시 일으켜 세웠다. 전통을 이어가며 품질 높은 장갑을 만든 덕분에 마도바는 피렌체뿐만 아니라 전 세계에서 사랑받는 브랜드로 성장했다.

마도바는 창업 당시의 정신과 철학을 오늘에 이르기까지 계승하고 있다. 100년 넘게 가족기업으로 전통을 지켜온 마도바는 창업 초기부터 대를 이어 수공예 방식으로 장갑을 만든다. 가죽을 자르고 다듬는 것부터 시작해 재단, 바느질, 그리고 장식을 다는 일까지 모든 공정을 장인의 손으로 직접 제작한다. 현재 위치한 피렌체 베키오 다리 앞의 매장은 1954년에 오픈했으며, 오롯이 장갑만을 만든다. 마도바의 전통은 네 아들의 협력과 수공예 최고 수준의 제작 공정을 통해 오늘날까지 이어진다. 현재 마도바는 유럽 이외에도 미국, 일본 등지에서 큰 매출을 기록하며 꾸준한 사랑을 받고 있다. 피렌체의 작은 매장에서 시작된 마도바의 이야기는 그들의 가치를 고스란히 담고 있는 장갑을 통해 전 세계로 전해지며, 앞으로도 그 전통은 계속될 것이다.

시대를 초월한 감동과 만족

 예술 작품에서 받는 미적 아름다움의 감동과는 다르지만, 내 삶의 한 부분에 긍정적인 감성을 이끌어 내는 작은 기쁨이야말로 삶의 중요한 요소가 아닐까? 21세기를 살고 있는 지금, 소비자는 제품의 본질적 기능을 보고 물건을 구매하는 것이 아니라 그 물건을 소유했을 때 얻을 수 있는 만족감을 소비한다. 소비자가 진정으로 원하는 것이 무엇인지 이해하고 진심이 담긴 제품을 소유함으로써 행복감을 줄 수 있는 감성 코드를 찾는 것이 무엇보다 중요하다.

 마음에 드는 장갑 하나 구입해 7년을 행복할 수 있었던 것처럼, 마도바 장갑은 그렇게 100년 동안 감동과 만족을 주었다. 이러한 제품들은 단순한 물건이 아니라, 소비자들에게 일상 속 작은 기쁨과 행복을 선사하는 중요한 요소로 자리 잡고 있다.

 마도바는 대를 잇는 기술과 힘든 시절의 어려움을 극복하며 오늘에 이르렀다. 명품은 소박하지만 열정을 가진 장인들에 의해 탄생한다. 평범하고 작은 공방에서 묵묵히 일하는 장인들의 모습에서 앞으로도 100년, 200년 계속 이어질 미래가 그려진다. 장인의 손기술과 그 가치를 인정하고 존중하는 것이야말로 진정한 장인정신을 계승하는 길이며, 이러한 전통과 가치는 앞으로도 계속 이어질 것이다.

마도바

주방의 자존심 위풍당당한
휘슬러

17세, 고등학교 1학년이었다. 학교를 마치고 집으로 들어서는데, 커다란 박스가 거실 한복판에 놓여 있었다. 꽤나 무거운 것이 들어있는지 엄마는 힘들게, 그러나 몹시 반갑게 상자를 개봉하셨다. 상자를 열자 검정, 빨강, 노랑 알록달록한 패턴의 냄비들이 웅장하게 그 모습을 드러냈다. "이게 그 유명한 독일서 건너온 압력솥이야, 우리 딸 혼수품으로 준비했지!" 흐뭇한 미소를 지으며 압력솥을 어루만지는 엄마의 모습이 지금도 생생하다. 아직 성년도 되지 않은 딸의 결혼식을 위해, 엄마는 꽤나 일찌감치 혼수 장만에 들어가셨다. 그 후로 창고에 고이 모셔둔 채 3, 4년에 한 번씩 상자를 열고 조심스러운 손놀림으로 압력밥솥의 안전 여부를 확인하시며, 시각적 만족과 심리적 안정을 되찾곤 하셨다. 결국 엄마의 기대감을 저버린 채로 켜켜이 묵은 세월의 먼지를 털어내야만 했고, 압력솥은 더 이상 혼수로서의 목적성을 잃어버린 채 30년 만에 세상의 빛을 보게 되었다.

오랜 세월 암흑 속에 갇혀 지냈던 그 압력솥은 반세기가 지났음에도 같은 디자인으로, 현재까지도 꾸준히 출시되고 있다는 사실이 놀랍다. 주부들의 로망이자 혼수품 단연 1위를 차지하고 있는 주방용품, 휘슬러 밥솥은 전 세계의 전문 셰프뿐 아니라 요리를 즐기는 이들에게 워너비 아이템이다. 심지어 주부들 사이에서 '휘슬러 계'를 만들어 품앗이로 장만한다는 이야기가 전해질 정도로 이 밥솥은 얼마 전까지만 해도 세계 주방용품 시장에서 점유율 20%라는 압도적인 기록을 세운 바 있다.

따뜻한 위로와 사기 진작

1845년, 발명가 칼 필립 휘슬러(Carl Phillip Fissler)는 독일의 작은 마을 이더-오버슈타인(Idar-Oberstein)에 공장을 세웠다. 단순히 음식을 만드는 것 이상으로, 요리에 필요한 모든 조리도구를 만들겠다는 의지로 전통을 이어 가고 있다. 휘슬러는 증기기관 원리를 도입하여 주방 기구를 생산하는 데 성공했다. 1892년에는 군사용 야전 요리기구인 필드키친[4] 일명 굴라쉬를 발명하게 된다. 양쪽에 바퀴가 달려 이동이 편리하고 난로의 굴뚝이 대포와 같은 모양을 하고 있어 굴라쉬 대포[굴라쉬 캐논(독): Gulaschkanone]라는 별명을 얻었다. 제1차 세계대전 당시, 이 혁신적인 조리 기구는 최전방 전선에서 국이나 수프 같은 음식을 조리하는 데 매우 유용했다. 가스나 석탄을 이용한 이동식 주방은, 다양한 음식을 조리할 수 있는 시설을 갖추고 있다. 한 번에 100명이 넘는 병사들에게 식사를 제공할 수 있으며, 200리터의 스튜 포트와 90리터의 커피를 따뜻하게 유지할 수 있다. 전쟁터나 군사 훈련 현장에서 단순한 식량 제공을 넘어, 군인들의 영양과 체력 유지, 사기를 높이는 역할을 했다. 필드키친은 야외에서 일하는 사람들에게 언제, 어디서든 신선하고 따뜻한 음식을 제공할 수 있는 최고의 도구로서 오늘날 출장용 밥차 역할을 했다.

---

4 필드키친: 필드 주방, 모바일 부엌이라고 한다. 전쟁터에서 군인들에게 따뜻한 음식을 제공하기 위한 군사 서비스. 초기에는 수송 마차가 끌었으며, 무거운 하중 및 견인에 편리한 동력 차량 사용으로 큰 트레일러로 진화하게 되었다.

휘슬러

밥솥, 그 이상의 의미

'밥이 보약'이라는 말이 있다. 밥 한 공기에도 삶의 태도와 자세를 반영하는 우리 민족의 뛰어난 미각을 말해 주는 표현이다. 한민족에게 쌀은 식량 이상의 의미를 지닌다. 우리에겐 고귀한 생명의 상징이자 사람들을 하나로 묶는 끈끈한 공감대를 형성하며, 우리 식탁에서 절대적 지위를 차지하고 있다. 민감한 입맛을 가진 우리 민족이 오늘날까지 그 미각의 비결을 이어온 데에는 밥솥의 역할이 중요했다. 가마솥은 일반 냄비와는 다르게 전체적으로 둥근 형태로 되어있고, 바닥 면이 두꺼워 음식이 잘 타지 않는다. 또한 바닥에 불이 먼저 닿는 부분을 두껍게 하고 가장자리를 얇게 만들어 열이 입체적으로 전달되도록 설계되었다. 이러한 구조 덕분에 밥이 고르게 익어서 식감과 맛이 뛰어난 밥을 만들 수 있다.

우리나라 전통가옥에서 부뚜막과 온돌의 조합은 정말로 참신하고 유용한 아이디어다. 부뚜막은 밥을 짓고 음식을 만드는 동시에 그 열을 이용해 방을 따뜻하게 하는 난방의 역할도 겸한다. 이는 매우 효율적인 시스템으로, 에너지를 최대한 활용할 수 있다. 우리는 고도의 기술과 과학의 힘으로 만들어진 이 가마솥을 이미 삼국시대 이전부터 사용해 왔다. 토기는 견고하지 못하고, 청동은 불에 약해서 내구성이 떨어지는 반면, 쇠는 견고함과 내구성을 동시에 갖추고 있어 가마솥 재료로 적합하다. 가마솥의 솥뚜껑은 무거운 무쇠로 만든다. 무겁게 눌러줘야 수분의 증발을 최대한 막고 내부 압력을 높여, 맛있는 밥을 지을 수 있다. 가마솥은 열전도율이 낮아서 뜨거워지는 데 시간이 오래 걸리지만, 일단 달궈지면 쉽게 식지 않는 장점을 갖고 있다. 이러한 가마솥과 압력솥의 동질감은 현대의 휘슬러 압력솥으로 이어진다.

원가 절감을 위해
품질을 포기하지 않는다

　최근 많은 제조업체들이 인건비 상승과 국제통상 환경 변화로 중국, 인도, 동남아시아 등지로 생산 공장을 옮기고 있다. 그러나 휘슬러는 최고의 품질을 유지하기 위해 '메이드 인 독일(Made in Germany)' 원칙을 고수하고 있다. 비교적 저렴한 라인과 일부 소품류를 제외한 대부분의 제품을 독일 현지에서 생산함으로써 철저한 관리와 감독을 통해 제품의 품질을 최우선으로 한다. 휘슬러는 설립 이래 180여 년 동안 공장을 옮기지 않았다. 이는 원가 절감을 위해 품질을 포기하지 않겠다는 휘슬러의 신념을 보여준다. 이러한 고집으로 휘슬러는 전 세계 소비자들에게 신뢰를 쌓아왔다. 휘슬러의 제품은 단순한 주방용품이 아니라, 장인의 손길과 독일의 전통을 담은 예술 작품이기도 하다. 주방용품을 통해 한 국가의 문화를 경험하고, 그 문화의 일부를 자신의 생활에 녹여내는 특별한 경험을 제공한다.

혁신적인 기술로 완성된 맛

휘슬러의 가장 인기 있는 상품이자 오늘날 주방용품 계의 명품으로 알려진 압력솥, 그 원리는 고압과 고온으로 가열할 수 있는 특수한 구조에 있다. 고압 상태에서 용기 안의 물이 발생시키는 수증기는 일반 냄비보다 훨씬 더 높은 온도와 빠른 속도로 음식을 가열한다. 이로 인해 조리 시간을 단축하고 원래 재료가 가지고 있는 본연의 맛과 풍미를 지키며 음식 맛을 최대한 살리는데 탁월하다.

압력솥 구조

- 두꺼운 소재 사용: 압력솥은 내용물이 고압에 견딜 수 있도록 두꺼운 알루미늄, 법랑제, 또는 스테인리스 스틸로 만들어진다. 이 소재들은 높은 내구성과 열전도율을 제공한다.
- 밀폐 뚜껑 : 솥뚜껑은 내부에 실리콘 고무 패킹을 사용해 완전히 밀착시킨다. 이 밀폐 구조는 압력을 유지하고 열을 효과적으로 가두는 데 필수적이다.
- 압력조절장치와 안전판 : 압력솥에는 압력조절장치와 안전판이 부착되어 있다. 압력조절장치는 내부 압력을 일정하게 유지해 안전하고 효율적인 조리를 가능하게 하며, 안전판은 과도한 압력을 방출해 폭발 위험을 방지한다.

휘슬러는 200여 개 이상의 특허를 보유하고 있다. 특수한 바닥 설계와 차별화된 기술력을 통해 거의 모든 제품과 공정마다 특허를 등록하고 있다. 대표적인 특허 외에도, 휘슬러는 기술 유출을 방지하기 위해 많은 생산 공정을 비밀리에 유지하고 있다. 휘슬러의 비밀스러운 기술 중 하나는 1,600톤의 무게로 순간 고압과 고온을 이용해 열판을 삼중 결합하는 공정이다. 이 공정 외에도, 스테인리스 사이에 알루미늄판을 삽입해 바닥 전체에 고르게 열을 전달하는 프릭션 공법, 냄비 표면을 매끄럽게 처리하는 기법, 그리고 열판의 가장자리가 본체를 감싸도록 만든 캡슐 공법 등이 있다. 이러한 기술들은 휘슬러의 독점적인 노하우로 철저하게 베일에 가려져 있다. 이처럼 특별한 기술과 노하우를 오랜 기간 지켜낼 수 있었던 것은 4대에 걸쳐 내려온 장인정신의 힘이다. 전통적인 방식을 지키면서 현대기술을 조화롭게 결합시키고, 숙련된 장인의 손기술로 정성을 담은 그들만의 철학이 휘슬러의 성공을 뒷받침해 왔다. 휘슬러의 이러한 장인정신과 독창적인 기술력은 주방용품 업계에서 휘슬러를 독보적인 위치에 올려놓았으며, 전 세계 소비자들에게 신뢰받는 브랜드로 자리매김하게 했다. 휘슬러의 제품은 단순한 주방용품이 아니라, 장인의 손길과 독일의 전통, 그리고 그들의 철학이 담긴 작품으로, 사용자에게 특별한 가치를 제공한다.

휘슬러의 압력솥은 총 63단계의 제작 공정을 거쳐 완성되며, 엄격한 테스트를 통해 그 품질을 보장한다. 시중에 나오는 1.5kg의 냄비는 15,000여 번의 '손잡이 중량 변형 테스트', 변형 없이 5분 동안 3.6바(Bar)의 압력을 견뎌내는 '압력솥 변형 테스트', 그리고 실제 자동차 타이어 폭발 테스트와 같은 악조건에서 실시하는 '폭발 압력 테스트' 등 다양한 성능 검사를 통과해야 한다. 이러한 철저한 검증 과정 덕분에 엄마의 휘슬러 압력솥에 대한 무한 신뢰는 아직도 여전하다. 밥을 지을 때도, 곰국을 끓일 때도 만능 냄비로 활약하는 이 압력솥은 최고의 주방 도구이자 자랑거리다. 엄마는 혹시나 고무 패킹이 닳지 않을까, 바닥이 타거나 눌어붙지 않을까 노심초사하며 압력솥을 아낀다. 그녀의 냄비 사랑은 그야말로 지극 정성이다. 그렇게 오랜 세월 동안 수많은 밥을 지었음에도, 여전히 엄마의 주방에서 위풍당당하게 위엄을 자아내며 그 자리를 지키고 있다.

장인정신의 결정체

1970년대, 휘슬러는 독일의 삼색기를 모티브로 한 시그니처 패턴을 디자인하여 솔라 시리즈를 탄생시켰다. 이 시리즈는 출시된 지 50년이 지났으나 여전히 사랑받는 스테디셀러 제품으로 남아 있다. 2000년대 초반에는 한국인을 위한 '한국형 프리미엄' 압력솥이 출시되었는데, 이는 휘슬러가 독일 다음으로 한국에서 많이 판매된다는 점을 고려하면 놀라운 일이 아니다. 앞서 언급했듯, 휘슬러 압력솥은 한국의 전통 가마솥과 유사한 조리 효과를 제공하기에 많은 한국 가정에서 선호한다. 특히 한국형 프리미엄 솔라는 한국인의 음식 문화에 맞춰 특별히 제작되었다. 한국인의 식사는 주로 국, 찜, 전골과 같은 요리가 많아 손잡이를 길게 만들고 냄비 뚜껑을 더 높게 설계하는 등 한국인의 식문화 특성을 고려한 디자인이다. 이러한 세심한 배려와 현지화된 제품 개발 전략은 휘슬러가 한국 시장에서 성공을 거두는 데 중요한 역할을 했다. 한국형 프리미엄 압력솥은 한국 가정에서 필수적인 주방 도구로 자리 잡았으며, 여전히 많은 사랑을 받고 있다. 이러한 성공은 제품의 품질뿐만 아니라, 각 지역의 문화와 소비자의 필요를 깊이 이해하고 이를 제품에 반영하려는 노력에서 비롯되었다. 휘슬러는 독일의 전통과 기술을 바탕으로 한 글로벌 브랜드로 현지화 전략을 통해 다양한 시장에서 꾸준히 성장하고 있다.

밥솥, 냄비, 프라이팬 이외에도 장인의 손으로 직접 35단계의 공정을 거쳐 완성하는 핸드메이드 '바이오닉 나이프' 시리즈가 출시된 바 있다. 비버[5]의 치아로부터 영감을 얻어 치아 구조 원리를 적용한 혁신적인 칼이다. 칼날은 마모성이 다른 두 개의 재질을 혼합하여, 몰리브덴 함유량을 높이고 스테인리스 스틸을 적용하여 절삭력이 훨씬 섬세하고 정교한 것이 특징이다. 칼날과 손잡이를 6:4의 비율로 맞춤으로서 오랫동안 사용해도 손목이 피로하지 않도록 설계했으며, 하이테크 코팅 기술을 적용하여 칼날을 따로 갈 필요도 없다. 이 칼은 120시간 동안 장인이 직접 수작업으로 만든다고 하니 산업화된 기계공장에서 찾아보기 힘든 공정이다.

유럽 재정 위기와 경기 침체에도 불구하고 휘슬러는 안정적인 판매량을 유지하고 있다. 이는 휘슬러 제품에 대한 고객들의 높은 신뢰와 충성도 때문이다. 휘슬러의 제품은 높은 품질과 내구성을 바탕으로 한 주방용품으로, 한번 구입하면 평생 사용할 수 있어 소비자들의 선호도가 높다. 또한, 최근에는 요리에 대한 관심이 높아지면서 음식을 만드는 도구나 장비에도 더 많은 관심이 쏠리고 있다. 이에 휘슬러는 주방을 단순히 요리하는 공간이 아니라 생활의 중심이자 라이프스타일을 담아내는 공간으로써, 조리용 주방 기구 제작에 그치지 않고 더 나은 삶을 위한 생활필수품으로 명품을 만드는 장인정신의 의지를 보여준다. 휘슬러의 제품들은 요리를 만드는 도구가 아니라, 한 사람과 가족, 더 나아가 국가의 문화를 담아내는 그릇이기도 하다. 휘슬러는 이러한 주방용품을 통해 전 세계에 새로운 요리 문화와 라이프스타일을 제시한다.

---

5   비버(Beaver): 겉모습이 큰 쥐 혹은 땅다람쥐와 비슷하며, 귀는 작고 꼬리는 비늘로 덮여 있으며 치아가 크고 튼튼하다.

공감하는 가치를 만들다

휘슬러는 기본에 충실하고 그 본질을 지키려 한 길을 걸어왔다. 이는 누구나 알고 있지만 쉽게 갈 수 없는 일이기에 더욱 가치가 있다. 좋은 물건을 알아보는 사람이 좋은 물건을 사용할 기회도 늘어난다. 일반 제품과 명품의 차이는 겉으로 보기에 크지 않지만, 그 미세한 차이는 사용자와 소비자의 공감을 바탕으로 성장한다. 공감을 얻지 못한 브랜드는 성공하기 어렵고, 설령 소비자의 공감을 얻었다 하더라도 지속적인 소통이 이루어지지 않는다면 그 브랜드는 오랫동안 롱런할 수 없다.

180년의 역사를 가진 휘슬러가 여전히 소비자에게 사랑받는 이유는 사용자와의 공감과 소통이 잘 이루어지기 때문이다. 소비자는 휘슬러를 독일을 대표하는 상징으로 여기며, 그 매력은 압력솥의 성능뿐 아니라 독일적인 향수를 불러일으킨다는 것이다.

문화 수준이 높은 국가일수록 자국의 전통적 기술과 문화예술을 최고의 가치 기준으로 삼는다. 명품은 특별한 조건에서 탄생하는 것이 아니고, 고가의 고급 브랜드만이 명품이 되는 것도 아니다. 명품을 만드는 장인은 기술적인 능숙함과 고도의 테크닉, 완벽함을 추구하는 의지가 전제한다. 그리고 장인의 손끝에서 느껴지는 보이지 않는 힘, 깊고 신비한 창의적 가치가 발현되어야 한다. 휘슬러는 이러한 장인정신을 바탕으로 제품을 만들며, 소비자들에게는 그 기술력과 전통, 그리고 창의적 가치를 전달한다.

화이트 스타로 빛나는
몽블랑

어릴 적부터 필기구에 대한 관심이 많아 여러 종류의 펜을 모아왔다. 각양각색의 다양한 펜을 소유하고 있지간 펜촉 양 사이에서 잉크를 쏟아내는 특유의 예리함과 부드럽게 종이 위를 누르며, 적당한 듯 날카롭게 잉크색이 발현되는 만년필에 대한 욕망은 결코 버릴 수 없다. 만년필을 손에 쥐고 글을 쓸 때마다, 마치 인류 문명의 중심에 서 있는 기분이 든다. 펜촉에서 흘러 나오는 잉크는 단순히 글자를 새기는 것이 아니라, 생각과 감정을 표현한다. 만년필의 매끄러운 움직임은 나를 더 깊은 사색으로 이끌고, 나 자신의 내면과 소통하게 한다. 그보다 빼놓을 수 없는 건 만년필을 손에 쥐고 쓰는 그립감에 있다. 펜을 쓰는 느낌은 엄격하건서도 자유롭고, 딱딱한 듯 부드러운 감촉이 만년필 최고의 매력이다.

마침내 일을 저지르고 말았다. 대학 졸업 후 직장에서 첫 월급을 받던 날, 나는 주저하지 않고 백화점으로 향했다. 그리고 드디어 꿈에 그리던 몽블랑 만년필을 손에 쥐었다. 한 달 생활비에 대한 걱정은 아랑곳하지 않은 채, 월급의 반 이상이 되는 거액을 기꺼이 만년필을 내 것으로 취하기 위한 몸값으로 지불했다. 사회 초년생인 내게 너무 과한 사치였을지도 모르지만, 몽블랑 만년필에 대한 열망은 그 어떤 것으로도 막을 수 없었다. 캡 위에 새겨진 나의 이름 이니셜을 보며 얼마나 경이롭던지 나는 감격에 휩싸였다. 그 후로도 몽블랑 만년필은 애장품 1호로 내 삶의 일부가 되었다. 격하게 외로울 때는 그림을 그리며 위로를 얻고, 몹시도 우울함을 견뎌내기 힘들 때는 속풀이용 펜글씨로 대체하면서 말이다.

인류 문명과 함께한 펜의 역사

인류는 오랜 역사 속에서 글쓰기를 통해 지식과 문화를 전달하고 발전시켜 왔다. 프랑스 라스코 동굴벽화와 스페인 알타미라 동굴벽화에 그려진 그림은 기호와 상징을 통해 메시지를 전달하는 시초였고, 이는 점차 문자로 발전하게 된다. 고대 문명에서 사용된 파피루스, 점토판, 양피지 등 다양한 기록 매체와 더불어 펜은 인류 문명 발전에 필수적인 역할을 해왔다. 특히 만년필은 탄생 이후 오늘날까지 수많은 작가, 예술가, 지식인들에게 영감을 불어넣고 중요한 작품들을 탄생시키는 데 기여했다.

프랑스와 이탈리아 국경 알프스 산맥에 위치한 몽블랑, 유럽 최고봉의 정상에 덮인 만년설을 모티브로 만든 하얀 별 모양의 엠블럼이 바로 '몽블랑'이다. 브랜드 로고로 사용되고 있는 '화이트 스타'는 알프스에서 가장 높고 웅장한 몽블랑의 눈 덮인 여섯 개의 봉우리를 의미하며, 천년만년 변하지 않는 만년설처럼 펜에서 나온 잉크가 영원성을 담보함을 상징한다. 펜촉에는 실제 몽블랑 정상의 높이를 상징하는 '4810'이라는 숫자를 새겨 넣어 몽블랑이 최고 높은 산인만큼 최상의 품질로 최고의 만년필을 만들겠다는 굳은 의지가 담겨 있다. 결국 몽블랑은 글자 그대로 몽블랑 스타가 되었다.

몽블랑

한 치의 오차도
허락할 수 없다!

　만년필의 명작으로 불리는 몽블랑은 1906년 친구 사이였던 '알프레드 네헤미아스 (Alfred Nehemias)'와 '아우구스트 에버스타인 (August Eberstein)'에 의해 시작되었다. 몽블랑 최초 설립부터 현재까지 120년의 역사를 지니며 높은 명성과 만년필계의 신화를 이루고 있는 이유는 한 치의 오차도 허락지 않고, 최고 품질의 제품을 만드는 장인정신에 있다. 독일 현지 생산 공장에서 모든 공정을 거쳐, 완성된 멀쩡한 펜임에도 불구하고 완성품의 스펙 기준을 최대한 높게 잡아 그냥 버려지는 경우도 많다.

　만년필의 기원은 깃털 펜에 있다. 최초에는 갈대 조각을 뾰족하게 깎아 촉을 만들어 사용했으며, 6세기 이후 탄력성이 있는 거위 깃털이 대신했다. 깃털 펜이 19세기까지도 사용된 것을 보아 글쓰기에는 적합했으리라 짐작된다. 그러나 이 깃털 펜으로 잉크를 찍어 쓰다 보면 매우 불편하다. 글쓰기 속도가 늦어지고 글을 썼을 때 선은 잉크의 농도에 따라 굵기가 일정하지 않다. 이러한 불편함에 대한 연구는 계속되었고, 지금의 저렴하고 실용적인 펜을 대량 생산해 낸 것은 그리 오래되지 않았다.

만년필의 탄생

사용할 때마다 일일이 잉크를 찍어서 글을 써야 하는 깃털 펜은 여간 불편한 게 아니다. 그러던 중, 1884년 미국의 루이스 워터맨(Lewis Edson Waterman)이 펜 안에 잉크통을 삽입하여 펜대에 잉크를 주입하는 현대식 만년필을 발명한다. 결국 깃털 펜은 잉크를 찍어 쓰는 금속 펜촉으로 대체되었다. 만년필은 디지털 시대에 아날로그적 감성을 대신하듯 옛것에 대한 향수로서, 추억의 매개체로서 여전히 사람들의 시선을 머물게 한다.

만년필은 매우 과학적인 원리로 만들어진 도구다

만년필은 매우 과학적인 원리로 만들어진 도구다. 글을 쓸 때는 잉크가 흘러 나오지만 글을 쓰지 않을 때는 잉크가 나오지 않는다. 이는 잉크의 중력과 모세관 현상의 원리를 이용해 설계했기 때문이다. 펜촉인 닙(Nib)[6]을 통해 펜대에 잉크를 주입하면 펜촉은 폭이 좁은 점으로 잉크를 종이로 운반하고, 잉크가 흘러나와 글이 써지는 원리이다. 잉크 집 밖의 대기압이 잉크 집 안의 압력보다 크기 때문이다. 별도의 잉크병을 휴대할 필요가 없으며, 끊임없이 펜촉을 잉크에 찍어 쓰는 번거로움도 없다. 그러나 여전히 잉크가 중간 중간 끊기거나 혹은 한꺼번에 왈칵 쏟아져 나오는 불편함은 남아 있었다.

몽블랑의 창업자는 기존 만년필의 단점을 보완하여 잉크가 새지 않는 만년필을 만들어 내기 위해 수많은 실패를 거듭했다. 급기야 완벽한 제품 개발 과정을 거쳐 최초의 만년필인 루즈 앤 느와(Rouge et Noir)[7]를 출시하게 된다. 뿐만 아니라 몽블랑은 1920년대부터 자체적으로 개발한 닙을 생산하고 있다.

---

6 닙(Nib): 만년필의 펜촉으로서 닙은 슬릿(Slit)과 홀(Hole)로 구성된다. 현대에는 보통 스테인리스 스틸이나 금 14K, 18K 등으로 촉을 만들어 사용한다. 펜촉은 대부분 중간에 세로로 자른 홈이 있는데 이 홈은 잉크를 펜촉 끝으로 운반하는 역할을 할 뿐만 아니라 홈 끝에 있는 자그마한 구멍은 만년필 저장고에 공기를 넣는 역할을 한다. 닙은 품질과 모양에 따라 만년필의 필기감이 크게 달라지므로 고품질의 닙을 만들기 위해서는 정교하고 정밀한 작업이 필요하다.

7 루즈 앤 느와(Rouge et Noir): 몽블랑의 첫 만년필로서 1908년 스탕달의 유명한 소설 '적과 흑(Rouge et Noir)'에서 영감을 얻어 동일한 이름으로 출시했다. 루즈 앤 느와 펜을 출시하면서 당대 지성들의 큰 호응을 받았다.

    대부분의 작업은 장인들의 수작업으로 진행되며, 핸드메이드로 제작된 닙을 기반으로 1924년 드디어 영원한 베스트셀러 마이스터스튁(Meisterstuck)이 탄생한다. '명작'이라는 뜻을 가진 마이스터스튁은 몽블랑의 가장 클래식한 컬렉션으로 이 제품을 출시하며 '평생 보증서'를 발급하게 되고, 고객도 최고의 제품을 통해 최선의 이익을 얻을 수 있다는 사실을 입증받게 된다. 마이스터스튁은 필기 문화의 대표적인 상징이자 시간을 초월한 완벽한 디자인으로 등극했다. 이를 계기로 이미 유명해진 브랜드명을 공식 사명으로 채택하며, 회사명을 '몽블랑 심플로 GmbH'로 변경하게 된다. 마이스터스튁 시리즈는 오늘날에도 변함없이 소비자의 사랑을 받고 있다.

몽블랑 만년필의 매력

 몽블랑 닙은 각각의 에디션과 컬렉션에 다라 고유한 디자인으로 새롭게 제작된다. 특별히 제작되는 리미티드 에디션의 경우 일정 수량만을 생산한 후 반드시 목형을 파기시켜 한정 수량만을 꼭 지킨다. 또한 사용자의 필체에 따라 다양한 종류, 각도의 차이를 맞춘 펜촉을 찾는 프로그램으로 비스포크 닙(bespoke nib)[8]을 통해 개인의 글씨 패턴에 맞는 닙을 고를 수 있다. 첫 디자인 스케치에서 마지막 완성품까지 몽블랑의 모든 펜은 몽블랑 매뉴팩처에서 제작된다. 이 공방에는 금세공 장인, 보석 연마사, 숙련된 디자이너들이 매년 출시하는 한정판 시리즈, 개인 맞춤 디자인, 펜 하나를 온전히 주문 제작할 수 있는 크리에이션 프리베 등을 만든다. 전 제작과정에 걸쳐 고객과 디자이너, 그리고 장인의 협업을 중시하는데, 실시간 웹캠을 통해 의사소통이 이뤄진다. 각각의 작품은 디자인이나 디테일을 초월한 고유한 퀄리티, 제작자의 빛나는 영혼을 담고 있어, 고객은 자신이 꿈꾸던 필기구를 손에 넣는 순간, 형용할 수 없는 감동을 받는다.

---

8   비스포크 닙(bespoke nib): 각 개인별 글쓰기 패턴 및 개인의 습관에 맞는 다양한 종류의 펜촉을 찾아주는 맞춤형 펜촉 서비스로 패드 위에 소베자가 글씨를 쓰면 그 글씨체를 읽고 패턴을 분석하여 종류별로 펜촉의 디테일을 보여준다.

하나의 만년필이 세상에 탄생하기까지는 무려 6주 이상의 시간이 걸리며, 150단계 이상의 공정을 거쳐야 한다. 18K 골드를 소재로 한 만년필 펜촉의 경우에는 별도로 35단계의 공정과 15종의 각종 테스트를 통과해야 완성품으로 세상의 빛을 볼 수 있다. 이외에도 몽블랑 만년필은 세상 밖으로 나오기 전, 몇 가지 악명 높은 품질 테스트를 거치게 된다. 어떤 기후나 환경에서도 잉크의 유출 상태를 일정하게 유지할 수 있도록 사막이나 열대우림 등 극심한 기후변화가 있는 곳에서 진행되는 '기후변화 테스트'와 압력이 높은 고지대와 낮은 기압에서 진행하는 '비행기 시뮬레이션 테스트'와 같은 극한 테스트를 통과해야 한다. 이때 감각을 통한 테스트가 동시에 진행되는데 시각적으로 관찰하고, 손의 촉감으로 느끼면서, 심지어 잉크가 나오며 발생되는 소리를 통한 청각 테스트까지 이 모든 검사를 통과해야만 출고가 가능하다.

하나의 브랜드가 신뢰를 쌓는 것은 오랜 시간이 요구된다. 120년의 역사 속에서 변함없이 몽블랑은 소비자와의 약속과 믿음을 바탕으로 브랜드를 단단하게 구축했다. 그래서 신뢰도가 높은 브랜드에 대한 사용자의 충성도는 그만큼 높다. 기본 원칙과 약속을 지키고 소비자들의 믿음과 신뢰를 저버리지 않는다면 브랜드는 오랫동안 지속될 수 있다.

몽블랑 펜은 역사적인 순간의 한 장면에 언제나 등장했다. 1963년 독일과 프랑스 우호조약 시 미국의 존 F 케네디 대통령이 사용했고, 1990년 서독의 헬무트 총리와 동독의 드 메지에르 총리가 독일 통일조약에 서명했다. 2009년에는 미국의 오바마 대통령과 독일의 메르켈 총리가 NATO 정상회의에서 서명하면서 더욱 그 존재감을 드러냈다. 이외에도 집필하는 수많은 국내외 작가들이 이 만년필로 생각을 담아낸다.

만년필의 세계를 넘어

몽블랑은 제품 개발에 있어 끊임없는 노력과 새로운 도전을 계속한다. 독일 오펜바흐의 가죽제품 생산업체를 인수하며, 상품군의 확대를 시도하고 펜 파우치와 노트북, 필기구 케이스 같은 고급 가죽제품들이 몽블랑의 이름으로 생산되기 시작했다. 또 남성용 고급 액세서리 '마이스터스튁 주얼리 컬렉션'을 출시하며 남성 주얼리 시장에도 진출했다. 이어서 1997년에는 글로벌 시장에 도전하며 '시계 비즈니스의 시대'를 열게 된다. 스위스 시계 산업의 중심지에서 시계 제조를 위해 특화된 '빌로레 매뉴팩처(Manufacture Villeret)' 운영을 통해 수제 시계를 본격적으로 만들게 된다. 시계 제조의 짧은 역사임에도 불구하고 몽블랑의 자체 기술력을 바탕으로 무브먼트를 만들었으며, 급기야는 명품시계의 반열에 오르게 되었다. 이는 정밀함이 요구되는 스위스 시계의 높은 기준에 따라 전통적인 방법의, 최고의 노력으로 얻어진 결실임에 틀림없다.

대를 이어 물건을 만드는 노력, 명품을 만들겠다는 의지로 만년필 한 자루에 브랜드 철학을 담으며 100년 넘게 지켜온 장인들의 열정은 지금도 계속된다. 품격 있는 예술미와 혁신적인 기능성을 강조하며, 단단하고 견고한 브랜드로서 여전히 전설적인 디자인에 새로운 생명력을 불어넣는다. 매해 새로운 상품을 출시하며, 최근에는 몽블랑의 첫 번째 만년필인 루즈 앤 느와를 기리는 의미에서 초기 모델의 디자인을 그대로 고수하되 현대적 감각의 디테일을 추가한 제품을 출시했다. 고급스러운 이미지와 정교한 조각을 포함해 21세기 현재의 트렌드에 맞게 리디자인 하면서 과거 빛나는 영광을 다시 재현하는 데 성공했다. 새로운 루즈 앤 느와 컬렉션의 테마는 만년필의 끝부분을 휘감은 뱀을 표현한 것으로 관능적인 곡선미를 자랑하는 뱀을 형상화했으며, 캡 머리에서 아래로 내려가며 클립이 되는 형태이다. 이는 창립 초기의 개척 정신을 연상시키며 빈티지한 느낌과 브랜드 헤리티지가 담긴 슬림한 실루엣으로 최신의 피스톤 기술을 도입하였다. 게다가 부드러운 감촉과 고급스러운 필기감을 더하며 보다 강화된 기능성을 추가하였다. 더욱 완성도가 높아진 장인들의 기량을 통해 몽블랑 헤리티지 컬렉션 루즈 앤 느와, 스페셜 에디션으로 다시 부활했다.

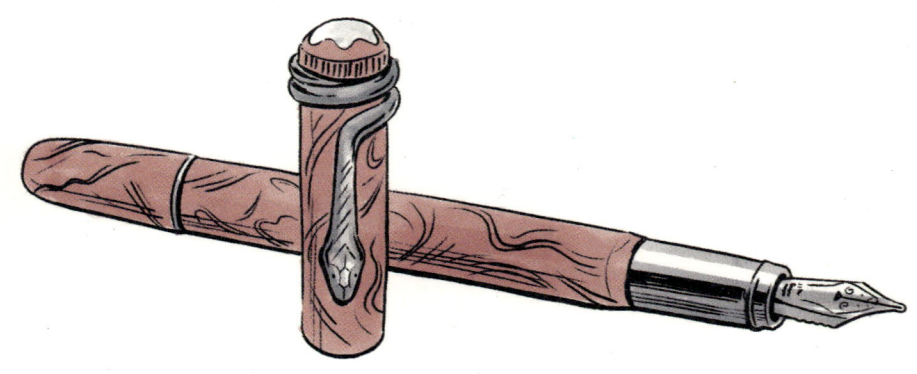

이야기가 담긴 동행

몽블랑의 제품은 시간에 얽매이지 않고 여유로운 분위기 속에서 생산된다. 일하는 사람들은 원하는 시간에 휴식을 취할 수 있고, 점심시간에도 편안하게 클래식 음악을 듣는 등 재촉받지 않는다. 오늘날 대부분의 기업들이 시간과 업무의 효율성을 우선으로 하는 데 반해, 몽블랑은 제품을 만드는 데 들어가는 시간과 정성을 더욱 소중히 여긴다. 그래서 제품의 품질은 더욱 견고하고 완성도가 높아졌으며, 고객들은 그 가치를 인정하게 되었다.

하루가 다르게 급변하는 현대사회에서 시간이 흘러도 변하지 않는 가치가 있다. 우리는 그것을 명품이라 일컫는다. 명품을 만들어내는 과정은 단순히 숙련된 경험만이 아니라 정교함과 완벽함을 추구하는 장인정신에서 비롯된다. 몽블랑은 유럽의 우수한 장인정신과 유서 깊은 디자인을 바탕으로 형태와 스타일, 소재와 기술 면에서 타협하지 않는 엄격한 기준을 원칙으로 제작된다. 제품 하나하나 클래식한 아름다움과 세련된 창의성이 조화를 이루면서 말이다. 몽블랑의 장인들은 몽블랑이라는 브랜드만의 품질과 가치가 담긴 상징적인 제품을 제작하기 위해 혼신의 노력을 기울인다. 과거의 유산을 현대적으로 재해석하고 오늘날의 라이프스타일과 맞물리게 하는 것, 그것이 몽블랑이 오늘날까지 이어오는 가치다.

숙련된 장인의 예술가적 정신과 몽블랑의 제품을 소유하는 사람의 깊은 연대는 오랜 시간 함께하며 삶의 이야기가 담긴 보이지 않는 영혼의 관계를 형성하게 된다. 소설가나 작가, 글을 쓰는 직업이 아닌 사람도 몽블랑의 만년필은 누구나 갖고 싶어 한다. 펜촉을 정리하고 잉크를 채워 넣은 뒤 나의 이야기를 써 내려간다. 기억의 조각들이 모여 추억의 일부가 되고, 하나둘씩 쌓아 올린 역사는 오롯이 내가 된다.

적도의 태양을 피해서
파나마 햇

    파란 하늘에서 검은 모자를 쓴 남자가 우수수 비처럼 쏟아진다. 르네 마그리트는 20세기 초반 꿈과 환상, 무의식의 세계를 추구했던 초현실주의[9] 미술의 대표적인 화가다. 그의 작품으로 유명한 '골콩드(Golconde)', 일명 '겨울비'라고 한다. 중절모를 한 신사가 일정한 간격을 두고 하늘에서 끝도 없이 내린다.

    마그리트 작품에 등장하는 대표 아이콘인 중절모의 신사, 언뜻 보면 화면 속의 신사들이 모두 똑같아 보이지만 제각각 다른 표정과 다른 자세, 그리고 서로 다른 방향을 바라보고 있다. 그의 자화상이기도 한 중절모를 쓴 신사는 마그리트의 다른 작품들에서도 반복적으로 등장한다. 산업화 시대 대량생산은 사람들의 삶조차 획일화시켰다. 모두가 비슷한 모자와 의복을 입고, 비슷한 공장에서 일하고, 비슷한 집에서 살고 있다. 도시는 익명성의 공간으로 수많은 사람들이 모여 살지만, 개인을 더욱 고립시키고 소외감을 키운다. 겨울비는 자신의 정체성과 가치관을 잃어버린 규격화된 삶 속에서 현대인의 고독과 소외감을 잘 드러낸다.

---

9 초현실주의: 프로이트의 정신분석 이론에 영향을 받아 꿈, 환상 등 무의식적인 세계를 탐구하고 표현한다. 의식적인 통제 없이 자유롭게 연상되는 생각이나 이미지를 기록하며, 현실 세계에서는 불가능한 사물이나 상황을 결합하여 새로운 의미를 창출한다. 주변의 사물을 낯선 곳에 배치하여 비현실적인 분위기를 조성하며, 꿈속과 같은 불안정하고 모호한 분위기를 연출하여 현실과 비현실의 경계를 허물고 관람객에게 신비로운 경험을 제공한다.

마그리트의 작품들은 꿈과 같은 환상적인 요소를 현실적인 이미지와 결합하여, 낯설고 불안한 분위기를 조성한다. 관람자들에게 무의식과 잠재의식에 대한 탐구를 촉발하며, 특히 그의 작품 '하늘을 나는 남자', '거대한 눈알', '옷을 입은 나무' 등은 현실에서는 볼 수 없는 비정상적인 이미지를 통해, 보는 이로 하여금 새로운 시각 경험을 제공한다. 이러한 기법은 초현실주의와 팝아트, 서사 미술, 만화 등 다양한 분야에서 독특한 이미지를 활용하는 예술작품으로 탄생한다. 그뿐 아니라 영화, 광고, 음악 등 대중매체에서도 많이 사용되고 있다. 영화 '매트릭스'는 마그리트의 '거울 속의 이미지'에서 영감을 받았고, 또 음악 밴드 '마룬파이브'의 앨범 표지는 마그리트의 '사랑의 배신'을 패러디했다. 심지어 대학 입시 논술 고사 문제로 출제되는 등 다양한 영역에서 영감의 원천이 되고 있다.

모자는 자신을 표현하는 상징

모자가 상징하는 의미는 권력을 통한 신분 확인이었다. 과거 왕이나 제사장 등 권력을 가진 사람들은 공식적인 의식에서 모자를 착용했다. 이는 모자가 신분과 권력, 명예를 상징하기 때문이다. 시간이 흐르면서 모자의 사용 범위는 확대되었고, 현대에 와서는 패션의 일부로 자리 잡게 되었다. 동양과 서양의 모자에는 차이가 있지만, 여전히 모자를 쓰는 것은 동서양을 막론하고 자신을 표현하는 방법으로서 품위 있는 옷차림의 또 다른 표현으로 해석된다. 모자를 코디하는 것은 평범한 스타일을 추구하는 나로선 지나치게 멋을 부린 것 같아 왠지 어색하다. 그러나 매스컴의 영향과 패션에 대한 센스가 보편화되면서 이제 일반인에게도 모자는 낯선 아이템이 아니다. 물론 햇빛을 피하거나 추위를 막기 위한 기능적인 이유도 있지만, 모자는 본인의 개성을 표현하기에 가장 최적화된 도구임에 틀림없다.

모자는 그 스타일에 따라 불리는 이름도 각양각색이다. 클래식한 영국 신사의 이미지를 가진 '톱햇', 우아한 스카일의 '페도라', 셜록 홈스와 매칭되는 '디어스토커', 그리고 자유의 상징, 체 게바라가 쓴 '베레모'가 있다. 최근 국내에서도 시대극을 다룬 영화 '암살', '밀정' 등에서 등장인물들이 유사한 모자를 착용하면서 자연스럽게 익숙해졌다. 이제 페도라, 헌팅캡, 플로피, 파나다 햇 등 모자의 전성시대가 도래했다.

파나마 햇의 전설

일명 밀짚모자라고 불리는 파나마 햇은 휴양지에서나 쓸 법하지만, 해변 이외에 도심을 장악한 지 이미 오래다. 밀짚모자의 일종으로 흔히 신사들이 쓰는 페도라와 비슷하게 생긴 형태를 하고 있다. 스페인 사람들이 처음 남아메리카에 도착한 16세기 즈음, 얇은 스틱처럼 생긴 밀집으로 머리를 덮어쓴 원주민을 발견하고 모자를 만들게 된다. 적도의 뜨거운 태양을 피하고 높은 열로부터 머리를 보호하기 위한 이 수제 밀짚모자가 오늘날의 파나마 햇으로 변천했다.

일반적으로 우리에게 '파나마 햇'이라고 알려진 이 모자의 원산지는 다름 아닌 남미의 에콰도르다. 모자 직조 산업은 에콰도르 해안의 안데스산맥에 걸쳐 가내 수공업으로 발전했고, 18세기까지 꾸준히 성장했다. 에콰도르에서 짠 밀짚모자는 파나마 해협을 통해 남아메리카의 여러 상품들과 함께 파나마로 운송되면서 원산지가 아닌 배송지의 이름을 따 파나마 햇으로 알려지게 되었다. 1828년 상인이었던 마누엘 알파로는 몬테크리스티(Montecristi)에 정착하여, 본격적으로 파나마 햇 사업을 시작한다. 그는 모자 제작에 필요한 장인들로 구성된 조직을 만들고, 체계적인 생산시스템을 구축했다. 당시 캘리포니아로 떠나는 항해인들에게는 뜨거운 태양을 막을 모자가 절대적으로 필요했던 터라 인기는 급상승했다. 더욱이 파리 만국 박람회에서 세계적인 주목을 받으면서 본격적으로 패션 아이콘으로 자리 잡게 된다.

수백 년 동안 전해 내려오는 전통적인 방식으로, 숙련된 장인의 손에서 만들어진 이 파나마 햇은 에콰도르의 천연자원과 남미 문화의 오랜 전통이 결합된 풍부한 역사를 이어간다. 파나마 햇은 야자수 종류의 밀짚으로 만들어지고, 이 잎은 섬세하고 튼튼하며, 머리에 얹어 쓰면 마치 깃털처럼 가볍다. 파나마 햇은 강력한 햇빛을 막고 통풍이 잘되어 여름철에 착용하기 적격이다. 과거에는 남성을 위한 여름 모자로 많이 활용되었으나, 최근에는 패션의 경계가 허물어져 남녀노소 계절에 상관없이 머스트 해브 아이템 중의 하나가 되었다.

파나마 햇 기술의 전승

전 세계의 유명 회사들이 앞다투어 이 모자를 판매하기 시작했다. 1940년경, 에콰도르 정부는 경제 위기에 대응하기 위한 정책의 일환으로 파나마 햇을 에콰도르의 주요 수출품으로 삼았다. 해안 지방에서 거주하던 일부 파나마모자 장인들을 고용하여 의무 교육을 실시하고, 그들의 기술을 널리 알리기 시작했다. 이를 통해 파나마 햇 제작 기술이 전국적으로 확산되었고, 기술을 배우는 과정에서 지역민들 사이의 동질감이 형성되는 등 긍정적인 효과를 낳으며 전승되고 있다.

적도에 위치한 지형과 기후가 낳은 문명이자 손기술이 낳은 유산

파나마 햇은 주로 고산지대의 서늘한 기후에서 잘 자라는 중남미 야자류인 토퀼라(Toquilla)[10]의 잎에서 나온 섬유 소재로 만든 챙이 있는 모자를 칭한다. 토퀼라 나무의 어린줄기를 베어 촘촘하게 손으로 짜서 만들었으며, 페도라와 비슷하게 크라운[11]이 움푹 패어 있고, 브림[12]이 넓으며 천이나 리본을 두른 형태가 특징이다. 이 파나마 햇은 적도에 위치한 지형과 기후가 낳은 문명이자 손기술이 낳은 유산으로서 삶의 흔적과 정성이 담긴 인간 근원의 모습이라고 할 수 있다.

파나마 햇이 완성되기까지는 총 16단계를 거쳐야 한다. 먼저 원재료인 토퀼라를 재배하고 이를 수확한 후 좋은 재료를 골라낸다. 상태 양호한 토퀼라를 삶고, 삶은 토퀼라를 건조하여 모자를 만들 수 있는 재료를 선별한 후, 수작업으로 모자의 챙 부분을 직조한다. 그리고 모자의 모델 유형에 따라 반제품을 제작하고, 모자 상단 부분은 별도로 제작하여 마감을 한다. 또한 작업 중 생길 수 있는 얼룩과 오염을 세척하고, 모자에 색을 표현하기 위해 다시 찌는 과정을 거친다. 이렇게 찌는 과정을 거쳐 대기에서 자연 건조한 후, 티를 고르기 위한 다듬질을 한다. 그리고 고온의 다림질을 통해 원형을 유지하며 형태를 고정시킨다. 마지막으로 마무리 기법을 활용해 모자를 완성하게 되며, 모든 과정은 수작업으로 진행된다.

---

10 토퀼라(Toquilla): 부채 모양의 열대식물의 줄기에서 채취하는 튼튼하고 유연한 섬유를 일컫는다.
11 크라운(crown): 머리 윗부분에 딱 맞게 씌워지는 모자의 일부로서 가운데 중앙이 앞뒤 방향으로 움푹하게 들어간 부분을 말한다.
12 브림(brim): 모자의 챙 부분을 말하며, 챙이 특히 넓은 모자를 브리머라고 부른다.

보통의 모자 하나를 만드는 데 60일 정도가 걸리며, 최고급 모자는 모델에 따라 3~6개월이 소요되기도 한다.

특히 에콰도르 몬테크리스티(montecristis) 마을에서 생산하는 모자는 최고의 품질로 인정받고 있다. 이곳에서 황금손으로 불리는 마누엘 로페즈 에스피날(Manuel Lopez Espinal)이 제작한 모자는 부르는 게 값이라고 할 정도로 귀한 대접을 받고 있다. 파나마 햇의 품질은 정교한 짜임의 정도로 결정되며, 각 줄마다 포인트 수가 정확한 것을 고급 모자로 인정한다. 하나의 섬유질 가닥이 어디서 끝나고 다음이 어디서 시작되는지 전혀 알아볼 수 없을 정도로 촘촘히 짜여 있어 심지어 물도 스며들지 못할 정도라고 한다. 이 고급 모자를 짜는 장인들은 전통 기능보유자로 인정받고 있다. 모자 제작 시 높은 온도의 열이 섬유의 유연성에 영향을 끼치므로 섬유를 꼬기 위해서는 일정 정도의 습기가 필요하다. 고온의 낮에는 섬유가 쉽게 건조되어 제대로 형태를 갖춘 모자를 만들기 어렵다. 그래서 장인들은 한낮을 피해 이른 새벽과 늦은 오후, 밤에만 작업을 진행한다. 모두가 잠든 적막한 밤, 깊은 어둠 속에서 허리를 깊이 숙인 채 섬유질 한 가닥 한 가닥을 엮어 자신의 손끝에서 만들어지는 물건에 대한 깊은 애정은 모자를 착용하는 사람에게 그대로 전달된다.

전통을 지키기 위한 노력

브랜트블랙(brentblack)은 전 세계 65개국 이상의 국가에 파나마 햇을 판매하는 대규모 회사로, 특히 몬테크리스티 모자를 전문적으로 취급한다. 에콰도르의 쿠엥카(Cuenca) 근처에서 손으로 짠 우수한 품질의 전설적인 몬테크리스티 파나마 햇 제작법을 보존하고 성장시키는 일에 집중하고 있다. 2011년에는 모자학교를 설립하여, 조상들의 대물림 속에서 지푸라기의 하찮은 소재가 최고의 창작물로 승화되는 전설을 교육한다.

또한 에콰도르 정부와 협력하여 2015년부터 '마스터 직조 인증제'를 시작하여, 기술 수준에 맞춘 세 가지 프로그램을 진행하고 있다. 이들에게 중요한 프로젝트 중 하나는 파나마 햇 기술의 원산지인 몬테크리스티의 제품 생산 보호를 위한 법적 노력이다. 유엔의 세계지적재산권기구(WIPO)는 원산지 명칭의 적용을 감독하며 몬테크리스티 모자 보호에 대한 결의안을 통과시켰다. 이를 통해 몬테크리스티 관광청은 모조품이 아닌 진품을 가리는 노력에 집중하며 법적으로 규제 및 보호하고 있다.

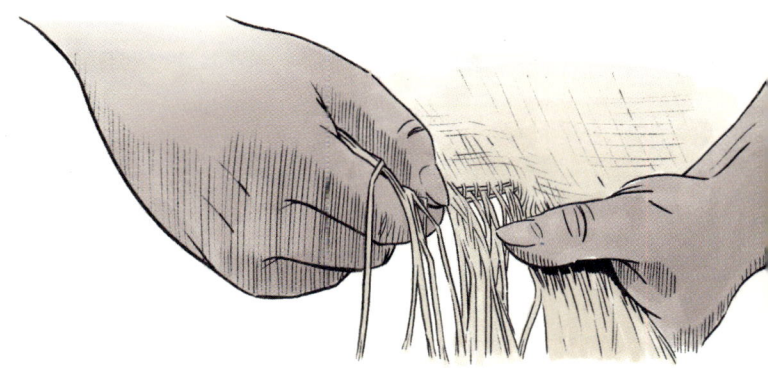

이와 함께 착취공장과 강제노동을 철저히 배제하고, 장인들의 근무 조건을 꼼꼼히 점검하여 공정한 임금 지급과 적정한 근무시간을 보장한다. 모든 제작 과정은 장인의 손길을 거쳐 이루어지며, 공정무역 원칙을 준수한다. 또한, 의사와 검안의를 마을에 데려와 처방 의약품을 제공하고, 수자원 프로젝트를 세우며, 눈과 폐를 보호하기 위한 안전 마스크를 제공하는 등 작업자들의 건강을 보호하기 위해 다양한 조치를 취한다. 이러한 노력이 전 세계적으로 파나마 햇의 품질과 명성을 유지하면서도, 장인들 삶의 질을 높이는 데 기여한다.

파나마 햇이 사랑받는 이유

파나마 햇을 선호하는 이유는 소재가 천연섬유로서 착용했을 때 매우 가볍다는 점이다. 모자 챙을 접으면 쉽게 말리며, 작고 휴대하기 간편해 가방 안에 넣으면 부피를 차지하지 않는다. 통풍이 잘되어 시원한 느낌을 주기 때문에 특히, 더운 지방에서는 그 무엇보다도 인기 있는 아이템이다. 옅은 베이지 계열의 컬러 톤으로 어떠한 색상의 의상이나 머리 컬러에도 잘 어울리며, 착용했을 때 풍기는 느낌은 멋스럽기 그지없다. 사람들이 파나마 햇을 사랑할 수밖에 없는 진짜 이유는 모자의 품질에 있다. 장인들은 최고 품질의 모자를 만들기 위해 재료를 다듬고 준비하는 데 수많은 시간을 할애한다. 특정 품종의 짚을 선택하고 재료의 성질과 특성에 맞춰 내구성을 높이기 위해 무더운 태양 아래에서 토퀼라와 긴 사투를 벌인다. 그렇게 질 좋은 재료가 준비되면, 장인들은 대를 이어 터득한 기술에 자신들만의 노하우를 가지고 정교하고 특별한 스타일의 모자를 완성한다.

전통적인 토퀼라 모자를 만드는 기술은 최고의 실력을 인정받아 2012년 12월 유네스코 세계 무형문화유산으로 등재되었다. 이는 파나마 햇이 단순한 패션 아이템을 넘어 문화유산으로 인정받았음을 시사한다. 이러한 문화적 가치는 모자를 착용하는 사람들에게 특별한 의미를 부여한다. 오랜 세월 사람들의 사랑을 받는 데는 그만한 이유가 있다. 고가의 사치품이 아닌 패션 그 이상의 의미로, 클래식하며 개성이 묻어나는 물건, 스스로 물건 그 이상의 가치를 찾는다. 대대손손 이어지는 에콰도르의 장인들, 그들이 가지고 있는 손기술은 그들만의 특별한 유산이다. 오랜 세월 살아온 삶의 흔적과 정성은 미래에도 변하지 않을 가치로, 장인들의 손길과 함께 계속될 것이다.

120년 전통의 빛과 향을 내는
시어러 캔들

16세기 경제학자인 애덤 스미스의 저서 '국부론'에는 소금, 비누, 가죽, 맥아와 함께 양초가 생필품으로 기록되어 있다. 오늘날 전기와 조명이 일상화된 시대에 양초가 필수품이었던 모습을 상상하기란 쉽지 않다. 그러나 양초에 담긴 어린 시절의 추억은 내 유년의 한 페이지를 장식하고 있다. 가끔 정전이 되거나 한 달에 한 번씩 등화관제 훈련이 있을 때면, 우리는 어김없이 양초를 밝혔다.

쓰임의 차이는 있으나 양초는 청소 도구의 중요한 재료이기도 했다. 그 시절, 나는 국민학교에 다녔다. 매년 새 학기가 시작되면 교실 바닥에 양초를 칠하는 일은 피할 수 없는 관례였다. 예전에는 교실이 나무 마루로 되어 있었고, 청소 시간이 되면 책상을 모두 뒤로 밀고, 마른걸레와 양초를 가지고 교실 앞쪽으로 향했다. 우리는 마룻바닥에 양초를 문질러 마른걸레로 닦아내며 윤기를 내는 과정을 반복했다. 물론 청소가 유쾌한 일은 아니지만, 우리는 함께 모여 있는 것 자체만으로도 재밌을 나이였기에 마냥 즐거웠다. 복도는 더욱 흥미진진했다. 삼삼오오 무리 지어 마치 서로 경쟁이라도 하듯 복도 양쪽 끝에서 어깨가 닿지 않게 앞서거니 뒤서거니 밀고 올라가며 신나게 바닥을 닦았다. 양초로 문지른 바닥은 마치 투명하게 코팅된 유리처럼 반짝였고, 그렇게 빛나는 복도를 바라보며 뿌듯함이 밀려왔다. 얼마나 감개무량하던지 어린 마음에도 노동의 신성함을 온몸으로 느낄 수 있었다.

어느 날, 겨울방학 내내 실컷 놀다가 개학 이틀을 남기고 발등에 불이 떨어졌다. 한 달 분량의 밀린 일기를 하루 만에 끝내고 나니, 이제 만들기 숙제가 남았다. 나는 징징 울면서 떼쓰기 시작했다. 당시 중학생이었던 언니는 절대자였고, 큰 어른과 같은 존재였다. 나의 구원자, 언니는 마치 준비하고 기다렸다는 듯 일사천리로 양초를 녹이기 시작했고, 빈 우유 팩과 야쿠르트 통을 준비했다. 그리고 쓰다 만 크레용을 짧게 잘라 녹은 양초 속에 넣고 서서히 저어줬다. 마치 마술이라도 부린 듯, 얼마 후 화려하고 선명한 컬러의 세상에 하나뿐인 핸드메이드 초가 탄생했다. 어린 나이의 내겐 매우 신기했고, 생소한 경험이었다. 지금 돌아보면 그저 그런 양초였으나, 그 양초는 단순히 빛을 밝혀주는 도구를 넘어 내 어린 시절을 아련하게 비추는 추억의 일부였던 것이다.

과거에는 지금처럼 향초나 테라피 같은 개념이 없던 시절이라, 촛불집회에서 흔히 볼 수 있는 길쭉하고 하얀 양초가 전부였다. 하지만 내가 원하는 색과 형태의 양초를 직접 만들어내는 과정은 너무도 재미있고 신기한 일이다. 며칠간 용돈을 다 털어 양초를 사 모으고, 모든 크레용은 초 탄생의 재물로 바쳐지며, 엄마의 눈을 피해 어마어마한 양의 컬러 초를 만들었다. 초를 만드는 과정은 비교적 쉬웠지만, 가끔씩 어려운 문제에 부딪히기도 했다. 너무 높은 온도에서는 양초가 끓어오르고, 혹은 촛농이 손에 떨어져 아픔을 견뎌야만 했다.

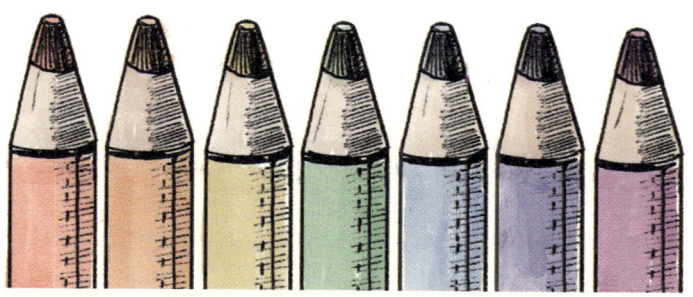

크레용의 역사

- Crayon은 프랑스어로 '연필'이라는 뜻

- 왁스+안료=크레용 : 왁스에 안료를 섞어 고형화한 것으로 고대 그리스, 이집트에서 시작되었다.

- 당시에는 열을 가해 녹인 후 붓으로 바르는 식의 고형 물감 같은 형태였고, 현재의 크레용 형태는 19세기 프랑스에서 시작되었다.

어둠 속에서 빛을 발견하다

초는 언제부터 우리와 함께했을까? 빛에 대한 관심과 더불어 밤의 생활이 낮의 생활만큼 중요해지면서 탄생했다. 초는 어둠을 밝혀주는 본연의 기능 이상의 상징적인 의미를 가지며, 인류 역사와 함께 진화했다. 양초가 언제부터 사용되었는지 정확하지 않지만, 오늘날 우리가 사용하는 심지가 있는 양초는 기원전 4세기부터 사용된 것으로 알려져 있다. 고대 문명은 밀랍과 수지, 혹은 나무 열매 등에서 다양한 형태의 초를 만들어 사용했다. 기원전 4~5세기에 지어진 '사서삼경'에 등(燈)이 언급된 걸로 미루어 보아, 초는 아주 오래전부터 사용되어 왔음을 짐작할 수 있다. 기원전 3세기에는 동물 지방으로 만든 기름을 횃불 형식으로 사용했으며, 중세 시대에는 연기와 냄새가 나지 않는 고급 원료인 밀랍이 양초의 재료로 사용되었다. 18세기에는 포경 산업의 발달로 향유고래의 기름에서 추출한 경랍이 양초 재료로 사용되기 시작했다. 경랍은 밀랍처럼 초를 태울 때 불쾌한 냄새가 나지 않고, 빛이 밝으며 다른 동물성 왁스에 비해 점성과 밀도가 높아 쉽게 물러지거나 휘지 않는다. 19세기, 석유를 증류시켜 얻은 파라핀의 등장으로 양초의 대량생산이 가능해졌으며, 널리 퍼지게 되었다.

초는 그 자체만으로 엄숙하고 숭고한 분위기를 뿜어내며, 성당과 사찰을 비롯한 대부분의 종교 행사에서 널리 사용된다. 탄생을 축복하는 순간부터 죽음을 애도하는 마지막까지 초는 우리 생활 속에 여전히 중요한 역할을 하고 있다.

특별한 시간과 장소에서의 향은 경험을 보다 특별하게 만들어 준다. 우리가 해외 낯선 땅에 가면 각 나라마다 특유의 향이 존재하는 것처럼, 캔들의 향기도 각기 다른 이야기를 담고 있다. 봄의 꽃향기, 여름의 상쾌함, 가을의 따스함, 겨울의 은은한 감성까지, 계절의 변화를 담은 풍부한 향은 공간에 따뜻함과 감성을 더해준다.

얼마 전부터 향기 테라피가 새로운 힐링 트렌드로 떠오르고 있다. 바쁜 일상에 지친 현대인들에게 집에서 간편하게 즐길 수 있는 힐링 방법으로 인기를 얻고 있는 향초 테라피는 스트레스를 줄이고 마음을 편안하게 해준다. 게다가 실내 분위기가 전환되고 불쾌한 냄새를 제거하는 효과도 있다. 아로마 캔들이 일상에서 보편화되면서 상상을 초월하는 비주얼에, 심지어 어떤 초는 먹고 싶을 정도로 후각을 자극하는 향까지 더해져, 꼭 반드시 소유하고 싶게 만든다. 비록 주된 광원으로서의 역할은 잃었지만, 양초는 여전히 우리 삶에 특별한 의미로서 따뜻함과 감성을 전하는 매개체로 사랑받고 있다. 이외에도 향초는 선물용이나 각종 기분 전환용 생활소품으로 자리 잡았다. 그래서일까, 해마다 캔들 시장의 매출이 증가하고 있다. 높아진 삶의 질을 반영하듯 사람들의 주거 공간에 대한 개념이 변화한 덕분에 양초는 고급화와 차별화를 시도하며 진화하고 있다. 시각적인 이미지뿐만 아니라 빛이 발현되는 조도와 후각을 자극하는 향기도 중요한 요소로 떠오르고 있다. 아마도 대부분의 가정에 하나 이상 배치되어 있을 것이다. 나 역시 주방과 욕실, 방마다 각각 다른 향의 캔들과 디퓨저를 두고 있다. 뿐만 아니라 향초는 결혼 선물, 집들이용, 답례품 및 부담 없는 선물용으로 인기를 끌고 있다.

최근 국내에서도 시판되기 시작하며, 인기를 얻고 있는 '시어러 캔들(Shearer Candles)'은 향초와 디퓨저 등 세련된 디자인과 고급스러운 향으로 공간의 품격을 높여준다. 집 안의 퀴퀴한 냄새나 음식물 등에서 나는 잡냄새를 잡아주는 효과가 있어 실용적인 측면에서도 인기가 좋다. 향초 브랜드 시어러 캔들은 1897년 영국의 글래스고 외곽지역에서 시어러(Mr. Shearer)에 의해 설립되었다. 130여 년의 세월 동안 빛과 향을 지켜온 시어러 캔들이 영국에서 현존하는 가장 오래된 양초 회사로 지금까지 전 세계인의 사랑을 받는 노하우는 무엇일까?

'쉽게'가 아닌
'반드시'라는
원칙을 고수한다

그들만의 노하우

첫째, 시어러 캔들은 가족기업 형태로 운영된다. 창립자인 시어러가 은퇴한 후, 현재는 버넷(Barnet) 가족이 3세대에 걸쳐 사업을 이어가고 있다. 버넷 가족은 시어러 캔들의 창시자의 가치와 철학을 이어받아 믿음과 신뢰를 바탕으로, 단순한 이익보다는 장기적인 성장을 위한 기업 정신을 추구한다. 급변하는 21세기 경제 상황에서 가족이 함께하는 경영시스템을 유지하며, 전통적인 생산기법과 품질을 고수하며 생산 설비를 개선해왔다. 시어러 캔들에서는 할아버지부터 손자까지 3대가 함께 일하는 모습을 볼 수 있다.

둘째, 좋은 향초를 만들기 위해 좋은 재료 사용에 집중한다. 제품은 최고의 자연환경을 자랑하는 스코틀랜드 인근 지역에서 생산한다. 오랜 전통과 지역 원료를 활용한 제품 개발을 원칙으로 스코틀랜드의 풍부한 자연과 정서를 담아낸다. 이는 지역 사회와 긴밀한 관계를 유지하고, 지속 가능한 방식으로 최고 품질의 제품을 생산하기 위한 노력의 일환이다. 또 최상의 재료를 확보하고 철저한 연구를 통해 소비자의 주문에 따라 다양한 향을 배합하는 맞춤형 제작시스템을 만들었다. 더욱이 시어러 캔들만의 차별화된 향을 제공하기 위해 유럽 전역, 프랑스, 미국 등지의 향 원료를 꼼꼼히 검증한다. 최고의 품질 수준을 인정받은 원료만을 사용하며, 철저하게 '쉽게'가 아닌 '반드시'라는 원칙을 고수한다. 원료 선정부터 생산까지 모든 과정에서 최고 품질을 유지하기 위한 시어러 캔들의 철학을 반영한다.

셋째, 제품 개발 과정은 매우 정교하고 체계적이다. 새로운 디자인을 통한 제품 개발에 최소 6개월 이상의 시간이 소요되며, 제품의 완성도를 높이기 위해 철저하게 준비한다. 초의 종류와 레시피는 각각의 제품에 맞추어 세밀하게 조정되며, 왁스의 종류, 형태, 향 등에 따라 정교하게 분류된다. 대량생산을 위한 공장 자동화시스템을 갖추고 있지만, 특별한 캔들은 직접 손으로 색을 입힌다. 또 여러 제품 라인업을 통해 고객의 다양한 취향과 용도에 맞춘 향을 제공한다. 티라이트, 아로마 향초, 선물용 향초, 디퓨저 등 다양한 컬렉션과 제품을 보유하고 있어 선택의 폭이 넓다. 각 제품은 세심하게 설계되고 제작되며, 고객의 기대를 뛰어넘는 품질과 디자인을 해마다 출시한다.

마지막으로, 시어러 캔들은 다양한 경험을 향기로 즐기는 라이프스타일을 제안한다. '쿼터 컬렉션'은 품격 있는 향기로 공간을 빛내는 동시에, 어느 장소에서나 어울리는 아로마 향을 전달한다. '내추럴 스파 컬렉션'은 그만의 특색인 소이 왁스와 팜 왁스로 만들어져 100% 내추럴을 자랑하며, 오랜 시간 연소되며 기분 좋은 향을 만든다. 또 향초 관리를 즐기는 것을 하나의 취미로 즐길 수 있도록 다양한 액세서리를 제공한다. 전용 스누퍼는 초를 소화할 때 발생하는 검은 연기를 흡수해 주며, 윅디퍼는 심지를 촛농에 안전하게 담아 소화하는 역할을 하고, 윅트리머는 심지를 깔끔하게 관리해주어 향초를 더욱 우아하게 즐길 수 있도록 돕는다.

　가족 경영시스템은 시어러 캔들이 높은 품질을 유지하면서도 전통을 지키는 데 도움이 되었다. 또 제품 생산 그 이상으로 각 제품에 담긴 스토리와 가치를 중요하게 여긴다. 순수한 원료와 천연 향료를 사용하여 최상의 품질을 유지하고, 각 제품마다 독특한 디자인과 향기를 부여한다. 이러한 원칙과 철학은 고객에게도 전달되어, 시어러 캔들은 단순히 빛을 제공하는 도구가 아니라, 따뜻함과 정성이 묻어나는 예술품으로 자리매김하게 되었다.

최근 GMO[13]에 대한 찬반 논란이 화두가 되고 있다. GMO는 생산성을 높이고 상품의 질을 강화한다는 장점이 있으나, 인체 건강에 미치는 잠재적인 위험과 생물의 다양성 손상이라는 단점을 우려하는 의견도 존재한다. 특히 GMO 농작물은 식품뿐만 아니라 피부에 직접 닿는 화장품과 같은 일상 속 많은 제품에서도 사용되어 걱정이 증가하고 있다. 이러한 이유로 시어러 캔들은 GMO 원료가 함유되지 않은 재료 사용만을 원칙으로 하며 안전성을 최우선한다. 이외에도 다소 고가의 원료지만 천연 프래그런스 오일 성분과 RSPO 인증[14]을 받은 팜 왁스만을 사용하여 제품의 품질을 높인다.

---

13 GMO(Genetically Modified Organism): GMO란 어떤 생물의 유전자 중 유용한 유전자, 강한 성질만을 취한 후, 다른 생물체에 삽입하여 만든 유전자 변형 농작물을 의미한다. 한국에서는 GMO를 원료로 사용한 식품이라 할지라도 GMO 표시가 의무화되지 않고 있으나, 최근 미국에서는 GMO 표시 의무화를 진행 중인 상황이다. 이에 따라 국내에서도 이 조항을 도입해 모든 GMO를 사용한 제품에 GMO 표기를 해야 한다는 주장이 제기되고 있다.
14 RSPO(Roundtable on Sustainable Palm Oil): 지속 가능한 팜유 생산을 위한 협의회로서 샴푸, 세제 등에 사용되는 계면활성제의 천연원료인 팜유의 무분별한 생산으로 인한 환경파괴를 막고, 야생동물 서식지 보호를 위해 지난 2003년 글로벌기업과 환경단체가 설립한 국제 환경단체이다. RSPO는 환경을 보호하면서 지속 가능한 팜유의 생산을 위해 국제적인 인증시스템을 도입하고, 투명성 등 기타 원칙을 준수하는 기업에게 인증을 부여한다.

시간 여행을 가능하게 하는 향기

시간은 흘러가며 되돌릴 수 없는 순간들을 쌓아 올린다. 그중에서도 소중한 추억들은 우리 마음속에 영원히 간직된다. 과거로 돌아갈 수는 없지만 향기는 우리를 그 순간으로 되돌려 추억을 생생하게 되살려 준다. 향기에 이미지를 담는다는 것이 가능한 일인가 싶지만, 향기는 우리의 감정과 기억을 불러일으키고, 상상력을 자극하며 새로운 영감을 선사한다. 후각을 통한 심신의 힐링, 가치 있는 호사라는 칭송과 함께 초는 이제 단순한 생필품을 넘어, 우리의 삶을 풍요롭게 만드는 중요한 아이템이 되었다.

오랜 역사와 전통을 지닌 시어러 캔들은 빛과 향으로 일상을 채우고, 특별한 순간을 더욱 의미 있게 만들어 준다. 섬세하게 조화를 이룬 향과 아름다운 디자인은 마치 예술작품처럼 감성을 자극하고, 우리 삶에 영감을 불어 넣는다. 시어러 캔들이 추구하는 진정한 가치는 그들의 경영 철학에서 비롯된다. 가족이 이어가는 책임감과 주인의식, 수작업으로 진행되는 작업공정을 이어간다. 전통과 역사를 만들어가는 그들의 노력은 앞으로도 계속되고, 그러한 노력은 고객에게 더욱 특별한 경험으로 제공될 것이다.

전통은 역사의 기억과 함께 우리 현실 안에서 다양한 모습으로 우리 삶에 영향을 준다. 그래서 전통은 생활의 역사로서, 명품은 우리 삶의 역사와 맞닿아 있다. 전통과 역사가 있는 기업은 기술의 발전에 능동적이며, 경영 노하우도 긍정적으로 발전한다. "이 세상에 새로운 것은 없다"라는 말처럼, 과거의 선대들이 어렵고 힘든 길을 헤쳐 나갔던 것과 같이 후대의 우리는 그 길을 따르면 된다. 물론 그들의 업적을 더욱 발전시키면서 말이다.

티파니 블루를 만들어 낸
티파니

　남녀 커플들에게 가장 인기 있는 선물 브랜드로 전 세계인의 사랑을 받는 티파니. 이 티파니의 상징적인 블루 박스는 그 자체로 동경의 대상이다. 파란색 상자를 보는 순간, 여성들의 심장박동수가 22% 증가한다는 연구 결과가 있을 정도로, 티파니 블루 박스는 단순한 선물상자가 아닌 여성들의 꿈과 로망을 담고 있다. 파란 상자를 여는 순간, 설렘과 기쁨은 무엇과도 비교할 수 없으며, 블루 박스와 화이트 리본은 최상의 품질과 최고의 장인정신을 대표하는 티파니의 아이콘이 되었다.

　블루 박스만 보면 나의 의지와는 상관없이 두근두근 마음이 설렌다. 번쩍이는 보석이 박히지 않으면 어떠하리, 단지 하얀색 리본으로 묶인 블루 박스 자체가 사랑스러운걸. 나는 그 반지를 내 손가락에 끼워 줄 명분을 찾기 위해 고군분투했다. 궁색한 변명이라도 좋다. 그래, 5년 동안 한눈팔지 않고 열심히 일한 스스로에 대한 보상이라고 할까? 그렇게 나는 가까스로 마련한 얇디얇은 밴드 링 하나, 티파니를 손에 쥐고픈 욕망을 성취했다. 몇 년이 지난 지금, 반지는 어디론가 사라졌고 먼지 뿌옇게 묻은 블루 박스만이 현존하며 존재의 가벼움을 역설하고 있다.

팬톤컬러 1837 Blue Tiffany

티파니의 푸른색은 일명 '티파니 블루'로 알려져 있다. 이는 팬톤 매칭 시스템(PMS, Pantone Matching System)에 의해 'PMS1837'로 코드화되었다. 이 숫자는 티파니가 설립된 해인 1837년을 의미한다. 티파니는 이 강력한 상징성을 보호하기 위해 '티파니 블루'를 컬러 상표로 등록하였다. 티파니는 명품 주얼리 브랜드로 널리 인식되고 있지만, 그 시초는 1837년 뉴욕에서 팬시, 유리, 액세서리를 제작하는 작은 공방이었다. 전쟁의 위기가 때로는 기회가 되는 법. 1848년 프랑스 혁명으로 인해 프랑스 왕가가 몰락하면서 막대한 양의 보석들이 유출되었고, 티파니는 이 보석들을 손쉽게 구입할 수 있게 되었다. 이후 1853년 회사명을 '티파니 앤드 컴퍼니'로 변경하며, 최상급 원석과 특별한 세팅 기술을 갖춘 보석 전문 제조회사로 탈바꿈하게 된다.

1862년 미국 남북전쟁 시 티파니는 남부 연합군을 지지했고, 무기류와 군수품 등을 제공하며 정부와 호의적인 관계를 유지할 수 있게 되었다. 이를 계기로 군납품 공식 업체로 선정되어 의장 검 및 유공자에게 수여하는 명예 메달을 제작하고, 국새와 화폐를 만드는 등 미국을 대표하는 브랜드로 성장하는 발판이 되었다. 1867년 파리 만국박람회에 참가해 은세공 부문 등에서 총 8개의 메달을 수상하며 국제적인 명성을 얻었고, 1873년 제작한 티파니 주전자는 보스턴미술관에 소장되는 등 그 가치를 인정받았다. 티파니가 전 세계인의 사랑을 받을 수 있었던 결정적인 이유는 국가적 차원의 지원과 끊임없는 노력을 빼놓을 수 없다. 보석 업계 최초로 주문 방식 거래를 채택하였고, 당시 유럽 스타일이 주류였던 주얼리 디자인에서 벗어나, 모던하고 차별화된 디자인으로 뉴욕 상류층의 인기를 끌었다. 급기야 티파니만의 독특한 개성과 아이덴티티를 구축하며 미국을 대표하는 보석 주얼리 브랜드로 성장했다.

다이아몬드는 영원하다

인류 최초의 다이아몬드에 대한 기록은 3,000년 전으로, 당시 인도인들은 빛을 굴절시키는 이 원석을 매우 소중히 여겼다. 13세기, 마르코 폴로가 이 원석을 인도에서 베네치아로 가져오면서 서방세계에 알려지게 되었다. 자연에서 큰 다이아몬드 결정이 형성되기는 쉽지 않다. 다이아몬드는 탄소 원자 1개를 중심으로 다른 탄소 원자 4개가 정사면체의 꼭지점을 이루는 구조로 매우 안정된 형태의 원자 결합을 이룬다. 그래서 지구에서 존재하는 광물 중에 가장 단단하다고 볼 수 있다. 다이아몬드는 지구 표면으로부터 약 120~200km 깊이에서, 1,000~1,300°C의 온도와 50~60kba의 압력 조건에서 형성된다. 형성된 다이아몬드는 마그마가 분출될 때 지표로 운반되어 채굴된다. 색상은 포함된 물질에 따라 달라지는데, 질소가 많이 포함되면 노란색, 붕소가 많이 포함되면 파란색을 띤다.

　오늘날 티파니의 성공을 이끈 중요한 사건 중 하나는 1878년 옐로우 다이아몬드의 탄생이다. 오드리 헵번이 착용한 그 유명한 다이아몬드는 어마어마한 중량의 128.54캐럿의 쿠션 브릴리언트 컷[15]으로 만들어졌다. 원래는 287.42캐럿[16]의 거대한 원석이었지만 원석의 반 이상의 중량을 감수하고, 다이아몬드의 아름다움을 극대화하는 데 주력했다. 이 옐로 다이아몬드 내부에서 실제 불꽃이 타오르는 것 같다는 평가를 받는다. 그 섬세함과 광채를 살리기 위해 여러 각도에서 커팅을 하는데 당시 일반적인 다이아몬드가 58면 커팅이 전부였던 시기에, 이 쿠션 브릴리언트 컷은 무려 82면으로 커팅되어 옐로 다이아몬드 특유의 영롱한 광채를 구현했다.

---

15 브릴리언트 컷(Brilliant Cut): 보석의 반짝거림을 최대한 끌어내고자 다각으로 연마하는 방법
16 캐럿(Carat): 1캐럿은 약 200mg에 해당하며, 기호는 ct 또는 car로 쓴다. 캐럿의 어원은 과거 저울이 없던 시대 캐럽(Carob)나무 열매의 크기가 일정해서 작은 보석을 재는 데 주로 사용한 데서 찾아볼 수 있다.

1886년 티파니는 세계 최초로 6개의 지지대로 다이아몬드를 지탱하는 혁신적인 디자인을 발표한다. 주변부를 장식하지 않고, 중심이 되는 다이아몬드 원석을 6개의 발이 밴드 위로 들어올린 형태로, 지금은 다이아몬드 반지 세팅의 대표적인 디자인이 되었지만, 이는 다이아몬드와 밴드를 분리하는 최초의 시도였다. 이 방식을 프롱세팅[17]이라고 한다. 갈고리와 비슷한 모양의 프롱으로 보석의 베즐 면을 고정시키는 방법으로 이 세팅법은 보석을 가리는 부분이 적어 중앙에 세팅된 보석의 광채를 더욱 돋보이게 한다.

 티파니는 전 세계에서 여러 광물을 수집하고, 이를 독창적인 방식으로 다이아몬드 반지뿐만 아니라 금, 은, 금과 은의 콤비, 유색 원석 등의 재료를 사용해 다양한 장식기법을 선보인다. 티파니의 숙련된 장인들은 보석의 광채를 최대한 끌어내는 정교한 세공 기술과 지속적인 연구개발을 통해 티파니만의 특별한 철학과 예술적 가치를 담은 새로운 디자인을 선보인다. 보석뿐만 아니라 유리와 도자공예에서도 두각을 나타내고 있다.

---

17 프롱세팅(Prong Setting): 갈고리와 비슷한 모양의 발처럼 생긴 프롱(Prong)으로 보석의 '베즐 면'을 고정시키는 방법이다. 보석을 잡고 있는 프롱세팅의 개수에 따라서 4발, 5발, 6발, 8발로 부른다. 세팅의 높이가 높아 옷이나 피부에 부딪칠 수 있는 단점이 있으나 보석을 가리는 부분이 적고 중앙에 세팅되어있는 보석의 광채를 더욱 돋보이게 하는 디자인으로서 다이아몬드를 세팅하는 데 사용된다.

티파니의 '파브릴 글라스'는 진주 컬러와 실크 같은 무지개 빛깔로 자유로운 모양을 연출할 수 있으며, 금이나 청동과 같은 금속과 합성되기도 한다. 'LC 티파니' 또는 'LCT'라고 표시된 파브릴 글라스 제품은 20세기 초 유행했으며, 이를 통해 스테인드글라스나 티파니 램프 등의 다양한 조명을 만들어 냈다. 티파니 램프는 예술성과 실용성을 겸비한 공예품으로, 이전까지만 해도 순수 회화나 조각 작품만이 예술작품으로 인정받았다면, 이 램프로 인해 일상생활에서 쓰이는 공예품도 예술적 가치를 인정받을 수 있다는 인식의 변화를 가져왔다. 이처럼 티파니 스튜디오는 보석 이외의 다양한 분야의 공예를 연구하며, 광범위하게 활용하고 있다.

티파니 웨딩 링은 숙련된 장인들의 손길로 만들어지는 최고의 예술 작품이다. 전 세계에서 채굴된 다이아몬드 중 극소수의 0.04%만이 티파니의 엄격한 기준을 충족하여 티파니 다이아몬드가 될 자격을 얻게 된다. 이들 다이아몬드는 21단계의 까다로운 절차를 거쳐 완벽한 빛과 불꽃을 발산하도록 섬세하게 다듬어진다. 웨딩 링은 단순한 보석을 넘어 두 사람의 영원한 사랑을 약속하는 상징이다. 그런 만큼 다양한 쉐입과 사이즈로 선보이는 웨딩 링은 각 커플의 특별한 이야기를 담아낸다. 티파니 장인들은 일반적인 기계식 그레이빙 방식 대신 꼼꼼한 핸드그레이빙 방식을 사용하여 세심하게 작업한다. 이는 오랜 전통과 현대적인 기술이 완벽하게 조화를 이루는 순간이다.

티파니의 높은 기준을 충족할 수 있도록
다이아몬드의 컷, 캐럿, 투명도,
색상에 대해 세심하게 검사합니다.
어떤 것이라도 다이아몬드의 아름다움을
흐리게 한다면,
우리는 그 스톤을 용인하지 않습니다

티파니 다이아몬드 가이드 4C+1P

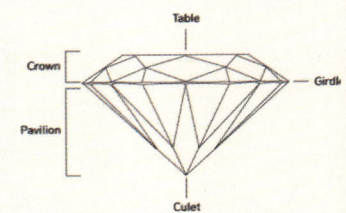

- Cut(컷): 컷은 단순히 모양을 뜻하는 것만이 아니라, 광채를 최대한으로 끌어내는 데 가장 중요한 요소다. 숙련된 장인의 손길로 입체적인 면을 정교하게 다듬어 다이아몬드가 빛을 받아 반사하고 굴절하는 방식을 결정한다. 컷의 정확성과 균형, 대칭, 각도 등이 매우 중요하며, 빛 반사 효과가 뛰어난 컷은 다이아몬드가 마치 내부에서 빛나는 듯한 생동감 넘치는 광채를 발산한다.

- Carat(중량): 캐럿은 다이아몬드의 무게를 나타내는 단위로, 일반적으로 캐럿 수가 클수록 가격이 비싸진다. 그러나 캐럿의 중량보다 최상의 광채를 내뿜는 것이 커팅의 중요한 요소로서 단지 크기가 크다고 아름답다고 볼 수 없으며, 까다로운 선별 기준에 따른다.

- Clarity(투명도): 다이아몬드의 투명도는 6가지 요소로 엄격하게 분류하고, 이를 기반으로 11개의 사용 등급으로 평가한다. 외부와 내부의 결함은 현미경을 이용해 다이아몬드를 10배 확대한 후 미세한 스크래치나 내포물이 보이지 않을 경우 '무결함(flawless)'으로 판정한다.

- Color(색상): 다이아몬드는 본래 무색에 가까운 투명한 광택을 지니지만, 미세한 내포물이나 불순물의 영향으로 희미하게 붉은색, 노란색, 갈색 등의 색조를 띠기도 한다. 화학적으로 순수하고 구조적으로 완벽한 다이아몬드는 빛을 더욱 효율적으로 굴절시켜 밝고 깨끗한 빛을 발산하며, 이러한 특성은 높은 가치로 평가된다. 다이아몬드 색상 등급*은 D에서 Z까지 매겨지는데, D에 가까울수록 희소성이 높게 평가된다.

- Presence(외관): 티파니만의 독점적인 다이아몬드 가이드 요소인 '외관'을 추가하여 광채, 섬광, 분산 등 다이아몬드가 발산하는 빛의 질과 아름다움을 종합적으로 평가한다. 또한, 커팅의 정확도, 균형, 조화, 연마 상태까지 모든 요소들을 꼼꼼하게 검토하여 최고 품질의 다이아몬드만을 선별한다.

* 다이아몬드 색상 등급: GIA, HRD 등 권위 있는 기관에서 다이아몬드의 색상 등급을 D부터 Z까지 총 23단계로 분류한다. D등급은 무색에 가장 가까운 최고 등급이며, Z등급에 갈수록 짙은 노란색이나 갈색 색조를 띤다.

티파니에서 엄선된 다이아몬드에는 최상급 등급 기준의 완벽한 품질을 보증하는 '티파니 다이아몬드 증서(Tiffany Diamond Certificate)'가 발급된다. 이는 제품 보증서 역할뿐만 아니라, 다이아몬드의 진위 여부를 확인하는 권위 있는 증서로서도 인정받고 있다.

티파니는 PPL을 비롯한 마케팅을 매우 잘 활용한다. 지금은 고전 영화가 되었지만 영화 '티파니에서 아침을'을 통해 전 세계 모든 여성들에게 티파니라는 이름을 각인시켰으며, 영화 '섹스 앤 더 시티', '스위트 알라바마'에서는 티파니 세팅 링으로 프러포즈를 받았다. 레오나르도 디카프리오의 주연 영화 '위대한 개츠비'에서는 액세서리뿐만 아니라 사무용품, 도자기, 식기 등 티파니 홈 컬렉션이 총동원되었다. 오롯이 영화만을 위한 컬렉션을 보여줬다. 또한 티파니는 인권을 중시하는 브랜드로, 인권 침해국의 보석을 사용하지 않는 것으로 유명하다. 출처가 불분명하고 전쟁 지역에서 밀수된 다이아몬드나 비인권적으로 생산된 보석은 일절 사용하지 않는다.

180년의 역사를 가진 티파니는 그만큼 어마어마한 기록과 전통을 보유하고 있다. 세월의 무게를 담은 고유의 스토리텔링과 헤리티지가 브랜드의 강력한 아이덴티티를 만들었다. 은으로 된 소품부터 최고급 다이아몬드 예물까지 폭넓은 제품 라인을 갖추고 있고 다양한 소비자층을 만족시키며, 시장 변화에 탄력적으로 대응한다. 티파니의 가격 정책도 큰 장점 중 하나다. 티파니는 시장의 요구와 반응에 따라 가격을 인상하거나 인하하는 유연한 가격 정책을 운영하여 경기 침체나 시장 변화에도 영향을 최소화하며,

이는 소비자 접근성과 시장 점유율을 높이는 주요한 경쟁력이 된다. 티파니의 스타일은 남들이 쉽게 따라 할 수 없을 만큼 독창적이고 다양하다. 이러한 독창성은 브랜드의 차별화 포인트가 되며, 소비자들에게 강력한 매력을 제공한다.

행복을 위한 창조

　티파니가 세계적인 명품 브랜드로 자리매김할 수 있었던 비결은 최상의 품질을 갖춘 다이아몬드를 선별하여 사용하기 때문이다. 다이아몬드 채굴부터 가공, 제조, 유통까지의 과정에서 윤리적인 원칙을 중시하며, 이를 통해 고품질의 제품을 생산하고 고객들에게 높은 신뢰도를 제공한다. 모든 제품은 오랜 역사와 전통을 지닌 공방에서 숙련된 장인들에 의해 핸드메이드로 제작되며, 수백 시간의 세심한 작업을 거쳐 완성된다. 새로운 제품을 창조하려는 끊임없는 노력과 최상의 제품을 만들어 내는 독보적인 기술력으로 다이아몬드 광채를 극대화한다.

　이 귀한 다이아몬드를 세상에서 가장 아름다운 약속으로 승화시킨다. 프러포즈, 결혼, 기념일 등 인생의 소중한 순간마다 티파니와 함께하며, 그 순간의 감동을 영원히 간직할 수 있도록 도와준다. 티파니 주얼리를 선택하는 것은 단순히 제품을 소유하는 것이 아니라, 특별한 이야기를 만들어가는 경험이다. 오랜 세월 사랑받아온 티파니의 클래식 디자인은 시대를 초월한 아름다움을 유지하며, 다음 세대까지 이어지는 가치를 선사한다. 티파니 주얼리는 단순한 소유물이 아니라, 대대로 이어지는 유산이다.

　누구나 소유하고 싶은 명품이 있다. 단순한 물질적 가치를 넘어 시대를 초월하는 아름다움과 뛰어난 품질, 그리고 소유함으로써 얻는 만족감이야말로 명품의 진정한 가치이다. 시간이 흐를수록 더욱 빛을 발하는 고유한 멋은 그 가치를 더욱 높여준다. 명품은 집요한 장인정신, 새로운 창조성, 뛰어난 품질을 만들어 내는 기술로 탄생한다. 티파니의 주얼리는 빛나는 존재감 하나만으로도 주변을 압도하며, 진정한 명품의 가치를 증명한다.

평생을 함께하는 테디베어
슈타이프

곰 인형에 대한 추억은 누구나 하나쯤 간직하고 있을 것이다. 생일 선물로 받은 곰 인형에 정성스레 이름을 붙이고 소꿉놀이를 하며, 우리는 환상과 동화의 나라로 초대받은 듯한 기분이다. 곰 인형은 어린 시절을 함께한 소중한 친구이자 위로와 안정을 주는 고마운 존재였다. 수없이 많은 이야기와 모험의 세계로 인도하는 곰 인형. 내게도 아버지가 사주신 특별한 곰돌이가 있었다. 일반 곰 인형과는 사뭇 다른 금빛 털의 곰돌이는 털이 동글동글 말려있어 고급스러움이 묻어났고, 스타일이 살아있어 취향 저격이었다. 애지중지하며 소중히 여긴 곰 인형은 시간이 흐르면서 조금씩 때가 타고 점점 지저분해졌다. 더러워진 곰돌이의 깨끗한 모습을 되찾아주고 싶었고, 마침내 통돌이 세탁기 안으로 입수 완료. 그러나 세탁 후의 모습은 정말로 처참했다. 털은 죄다 빠져나가고, 엉망진창이 되어 도무지 곰돌이의 형체를 알아볼 수 없을 정도로 망가졌다. 나는 절망했다. 그 뒤로 곰돌이는 조용히 어디론가 자취를 감추었다.

　오늘날 전 세계적으로 통용되고 있는 곰 인형의 명칭, 테디베어(Teddy Bear)는 미국의 제26대 대통령 루즈벨트(Theodore Roosevelt)에서 유래되었다. 1902년 루즈벨트는 곰 사냥을 나갔지만 한 마리도 잡지 못했다. 이때 보좌관들은 대통령을 위해 어린 곰을 묶어두고 그곳으로 안내했지만, 루즈벨트는 그 곰이 사냥의 목표로서 공정하지 않다고 판단하고, 곰 쏘는 것을 거부했다. 그렇게 곰을 살려주었다는 일화가 널리 알려지면서 대통령의 이미지는 매우 좋아졌고, 이를 계기로 루즈벨트의 애칭인 '테디(Teddy)'를 따서 '테디베어'라는 이름이 되었다.

　테디베어의 인기는 날로 높아졌고, 유럽에서도 많은 사랑을 독차지했다. 특히 독일의 슈타이프(Steiff)의 수제 곰 인형은 1903년 라이프치히에서 열린 세계 장난감 박람회에 출품되면서 전 세계에 그 이름을 알리기 시작했다. 슈타이프의 곰 인형은 팔과 다리에 조인트를 삽입해 자유롭게 움직일 수 있었고, 오히려 미국으로 역수입되는 이례적인 현상까지 일어났다. 테디베어 수집가와 마니아들은 슈타이프 곰 인형의 순박하고 따뜻한 표정이 사람들의 마음을 사로잡는다고 말한다.

테디베어의 명가, 슈타이프

독일의 한적하고 조용한 도시에 위치한 깅엔(Giengen)은 테디베어 애호가들에게는 마치 천국과도 같은 곳이다. 이 마을을 걷다 보면 곳곳에 테디베어 간판이 즐비해 마치 동화 속 마을에 온 듯하다. 깅엔에는 슈타이프의 창립자인 마가렛 슈타이프(Margarete Steiff)의 이름을 딴 슈타이프 박물관[18](Steiff Museum)이 위치해 있다. 박물관에 들어서면 실제 크기의 다양한 동물 인형들이 마치 살아 있는 듯 방문객을 맞이하며, 아이들은 물론 어른들에게도 미소를 선사한다. 테디베어는 그 특유의 따뜻하고 사랑스러운 매력으로, 나이에 상관없이 모두에게 친숙한 존재로 자리 잡고 있다. 최근에는 우리나라에서도 여러 지역에 테디베어 박물관이 개관되며, 이 특별한 인형이 더 많은 이들의 마음을 사로잡고 있다.

슈타이프 곰 인형의 브랜드 스토리는 동화처럼 순수하고 훈훈하다. 마가렛 슈타이프 여사는 1847년 독일 깅엔에서 태어났다. 그녀는 생후 18개월에 소아마비를 앓아 하반신 마비를 겪었고, 평생 휠체어에 의존했다. 이러한 신체적 어려움 때문에 그녀는 주로 집 안에서 시간을 보내야만 했고, 덕분에 창의적인 활동에

---

18 슈타이프 박물관(Steiff Museum): 세상에서 처음으로 테디 베어(Teddy Bear)를 탄생시킨 '슈타이프'사의 창립자인 마가렛 슈타이프의 이름을 따서, 1980년 창립 125주년을 기념하여 만들어진 박물관이다.

몰두할 수 있었다. 마가렛은 바느질과 재봉을 통해 인형을 만들기 시작했다. 그 녀의 첫 번째 인형은 헝겊과 천을 이용해 만든 작은 코끼리 인형이었다. 이 코끼리 인형은 원래 바늘방석으로 디자인되었지만, 곧 어린이들 사이에서 장난감으로 인기를 끌기 시작했다. 그녀는 이 인형의 성공에 힘입어 더 많은 동물 인형을 만들기 시작했고, 그 결과 점점 더 많은 사람들에게 알려지게 되었다.

좋은 소재와
꼼꼼한 손바느질,
무엇보다
정성으로 제작한다

마가렛의 인형들이 사랑받는 이유는 좋은 소재와 꼼꼼한 손바느질, 무엇보다 정성으로 제작하기 때문이다. 1880년 그녀는 슈타이프 공장을 설립하고 본격적으로 인형 제조를 시작한다. 이후 다양한 동물 인형을 제작하게 되었고, 큰 성공을 거두었다. 1903년에는 그녀의 조카 리하르트 슈타이프(Richard Steiff)가 회사에 합류하며 그녀의 사업을 이어받았다. 리하르트는 인형을 더욱 자연스럽게 표현하기 위해 동물원에서 살다시피 하며 동물의 모습들을 생생하게 스케치했다. 리하르트의 이러한 노력 덕분에 슈타이프의 인형들은 마치 살아 숨 쉬는 것 같은 생동감과 매력적인 모습으로 탄생하게 되었다.

세계 곳곳의 어린이들뿐만 아니라 어른들의 사랑을 한 몸에 받던 슈타이프사에도 위기가 닥쳤다. 한때 밀려오는 주문과 판매량을 맞추기 위해 중국 OEM 방식을 도입하면서 독일 본사에서 진행되는 수작업 프로세스와는 다른 품질 관리 문제가 발생했다. 이로 인해 반품이 쇄도하며 어려움을 겪게 되었다. 품질 문제로 소비자들의 신뢰가 흔들리자, 슈타이프사는 과감한 결단을 내렸다. 문제의 제품을 전량 수거하고, 다시 원래의 수작업 프로세스와 높은 품질을 되찾기 위해 피나는 노력을 시작했다. 이 과정에서 슈타이프사는 초심으로 돌아가 고품질의 제품을 제공하는 데 집중한다. 노력 끝에 슈타이프사는 다시 소비자들의 신뢰를 회복할 수 있었다. 이 경험은 품질과 전통을 지키는 것이 얼마나 중요한지를 보여주는 중요한 교훈으로 남았다.

꿈의 실현

슈타이프의 테디베어는 단순한 장난감 이상의 정교한 수작업의 산물이다. 제작과정은 단계마다 장인정신이 깃들어 있으며, 각각의 인형은 그 자체로 하나의 이야기를 담고 있다. 슈타이프의 테디베어는 철저한 기획에서 시작된다. 디자이너와 개발팀은 자연에서 영감을 얻어 다양한 동물의 모습을 연구하고 스케치한다. 이 과정에서 동물의 개성과 특색을 최대한 반영하기 위해 수많은 샘플링과 논의가 이루어진다. 디자인이 합의에 도달하면 패턴을 정하고, 재료에 맞게 설계한 후 프로토타입을 제작해 디자인과 기능성을 최종 확인한다. 슈타이프는 좋은 재료 사용을 원칙으로 한다. 테디베어의 털은 앙고라염소의 모피를 사용하며, 동일한 업체에서 꾸준하게 공급받아 부드러운 촉감과 자연스러운 광택을 지속적으로 유지할 수 있게 한다. 천연섬유로 만들어진 터프트 텍스타일(Tuft Textile)은 매우 까다로운 작업을 필요로 하지만, 결과물은 뛰어난 품질을 자랑한다. 모든 바느질은 화학 실을 사용하지 않고, 천연 실 사용을 원칙으로 하며, 이는 제품의 안전성과 친환경성을 높이는 중요한 요소이다. 테디베어의 각 부위는 정교하게 손으로 바느질되고 조립된다. 이 과정에서 장인들은 오랜 경험과 섬세한 기술을 바탕으로 최상의 품질을 유지한다.

슈타이프

하나의 테디베어가 완성되기 위해서는 20~50개의 천 조각이 필요하다. 각각의 조각들은 정밀하게 재단되고 바느질되어 하나의 몸체로 조립된다. 이 과정은 세분화되어 있으며 각 역할마다 분업화되어 있다. 눈과 코같이 얼굴의 표정을 결정짓는 중요한 부분은 더욱 정밀하게 표현된다. 이 과정에서의 세심한 작업은 슈타이프 테디베어가 마치 살아 있는 듯한 표정을 갖게 하는 비결이다. 슈타이프는 회사 내에 자체적으로 실험실을 갖추고 있으며, 끊임없는 테스트를 통해 품질을 유지하고 개선한다. 이러한 노력 덕분에 슈타이프는 완구 업계 최초로 유럽 친환경 인증 마크를 획득했다.

여러 세대에 걸쳐 테디베어는 부드러운 털, 사랑스러운 외모, 편안함을 제공하면서 인생을 함께하는 동반자가 되었다. 테디베어는 단순한 친구의 역할을 넘어 심리적 치유의 도구로도 활용된다. '테디베어 치료법(Teddy Bear Therapy)'은 환자들에게 테디베어를 안겨줌으로써 심리적 안정을 제공하는 방법으로 포근한 촉감과 친근한 모습이 정서적 안정을 가져다준다. 이 치료법은 어린이뿐만 아니라 어른들에게도 효과적이다. 아이들은 테디베어와 함께 놀면서 상상력을 키우고, 친구로서의 따뜻한 사랑을 경험하게 된다. 어른들에게 테디베어는 잊고 지내던 동심을 일깨우고, 추억을 떠올리게 하는 상징적인 존재다. 어린 시절 함께했던 테디베어는 어른이 되어서도 따뜻한 기억으로 남아, 마음 한편을 간지럽히는 특별한 존재로 남아 있다. 이처럼 슈타이프 테디베어는 단순한 인형 그 이상으로, 전 세계의 어린이와 어른들에게 열렬히 사랑받고 있다.

테디베어는 삶을
보다 즐겁고 행복하게
만들어 준다

어른들을 위한 테디베어 치료법

첫째, 곰 인형 이름을 지어주세요. 이름을 부르며, 속 마음을 털어놓고 진정한 동반자로 만들어 보세요.

둘째, 힘들거나 지칠 때, 테디베어에게 당신의 기분을 말하세요. 큰 소리로 대화를 나누세요.

셋째, 어린아이처럼 손에 곰 인형을 잡고, 걸을 때 여러분의 옆에 드리우세요. 어린 시절에 가졌던 감정을 다시 불태우고 어린아이처럼 행동하면 할 수 있습니다.

넷째, 곰 인형의 손을 잡고 자요. 슬프거나 불편할 때는 언제든지 누워서 곰 인형을 껴안습니다.

한정판 테디베어

슈타이프사는 세계적으로 영향력이 있는 인물이나 당대의 유명 인사를 기념하는 특별한 테디베어를 제작해 왔다. 슈퍼스타와 저명한 인사들의 모습과 특징을 담은 한정판 테디베어는 마케팅 활동의 일환으로 제작되며, 전 세계 팬들의 관심을 불러일으켰다. 창립 125주년을 기념하여 제작된 '주빌리 베어(Jubilee Bear)'는 125캐럿의 보석으로 장식되어 그 화려함을 자랑한다. 두 눈은 21캐럿의 블랙 사파이어로 만들어졌고, 눈 주위에는 20개의 다이아몬드가 촘촘히 박혀 있다. 또한, 코와 목걸이, 그리고 왼쪽 귀에 장식된 슈타이프 고유의 상표는 순금으로 장식되어 있으며, 털은 황금을 먹고 자란 누에에서 뽑아낸 천연 실크 금사로 만들었다. 이 특별한 테디베어는 전 세계에서 단 125개만 제작된 한정품으로 출시됐다. 슈타이프 테디베어는 크리스티 경매에서 종종 비싼 가격에 팔리기도 한다. 슈타이프의 최초 테디베어인 'Bar PB55'는 한화로 6억 원에 거래되었고, 1925년 리하르트 슈타이프가 만든 초기 테디베어는 5억 원에 낙찰되었다. 또한, 루이비통과 협업해 만든 루이비통 테디베어는 18만 3천 5백 달러에 판매되었으며, 현재 우리나라 제주 테디베어 박물관에 소장되어 있다. 슈타이프의 곰 인형은 수집가나 애호가들에게 언제나 인기가 많다. 테디베어를 모으는 것은 기쁨과 만족을 경험하게 하며, 소유자의 삶을 보다 즐겁고 행복하게 만들어 준다.

오래되고 낡은 테디베어를 수리하고 복원하는 특별한 운영 서비스가 있다. 일명 '테디베어 클리닉'. 이곳에서는 찢어지거나 닳아서 손상된 테디베어들을 전문적으로 수리해준다. 이 클리닉에서는 털이 뜯어지거나 눈이 없어진 경우, 복원을 통해 다시 제 모습을 찾아준다. 또한 이미 단종됐거나 아주 오래된 인형 모델을 가져오는 경우도 많다. 전문가들은 이들 모델을 세심하게 복원하여 소유자에게 돌려주며, 소유자와 테디베어 간의 감정적 연결고리를 다시 회복시키고, 소중한 추억을 되살려준다.

슈타이프의 모든 곰 인형 귀에는 'KNOPF IM OHR'라 쓰인 노란색 버튼이 부착되어 있다. 이는 'Button in Ear', '귓속의 버튼'이라는 뜻이다. 슈타이프 브랜드임을 증명하는 포인트로, 제품이 슈타이프 공장에서 수작업으로 만들어졌음을 인증한다. 이는 세계 곳곳에서 만들어진 모조품을 방지하고, 제품의 원본과 진품을 식별하기 위해 도입한 특허 기술이다. 슈타이프사 말고도 곰 인형을 만들어 내는 곳은 무수히 많고, 심지어 짝퉁 슈타이프도 여럿이다. 처음에는 제품의 신원을 확인하는 목적이었으나, 지금은 슈타이프 제품의 정통성과 원본임을 보장하는 중요한 상징이 되었다. 겉모양은 흉내 낼 수 있지만 100년 이상의 명품이 갖는 신뢰는 하루아침에 쉽게 쌓이는 게 아니다.

인형, 그 이상의 가치

역경에 굴하지 않고 자신의 꿈을 향해 나아갔던 마가렛 슈타이프는 마치 밤하늘의 별처럼 빛나는 존재였다. 불굴의 의지와 열정으로 사업을 일구어 나갔고, 성공할 때마다 그 결실을 지역 사회와 어려운 환경에 처한 아이들과 나누며 꿈과 희망을 선사했다. 그녀가 세상을 떠난 이후에도 그 유산은 끊임없이 이어져, 오늘날까지 전 세계에서 고품질의 장난감을 만들며 그녀의 가치와 철학을 계승하고 있다.

곰 인형은 단순한 장난감이 아니라, 어린 시절의 꿈을 현실로 만들어 주고, 성장한 후에도 여전히 행복하고 감동적인 기억을 간직하게 하는 특별한 존재다. 슈타이프의 곰 인형이 특별한 이유는 하나하나의 테디베어를 수작업으로 정성스럽게 만들어 내는 과정에 있다. 이 과정이 바로 슈타이프 테디베어가 오랜 세월 동안 고유의 장인정신과 높은 품질을 유지할 수 있는 비결이다.

슈타이프의 테디베어는 100여 년이라는 긴 시간 동안 꾸준히 사랑받아 왔으며, 앞으로도 많은 사람들의 마음속에 사랑과 추억, 그리고 특별한 감정을 담아내는 동반자로 남을 것이다. 나 역시 어린 시절 아버지와 함께했던 소중했던 순간들을 떠올리며, 그 따스한 기억 속으로 여행한다.

슈타이프

초초로 상표 등록한
헹켈

영국 아서 왕의 '바위에 박힌 칼'의 전설. 아서는 어린 시절 아무도 뽑을 수 없었던 바위에 박힌 칼을 뽑아내어 정당하게 왕임을 증명했다. 이 이야기는 중세 유럽 문학과 전설 속에서 널리 알려진 이야기로, 왕의 검 엑스칼리버는 아서 왕의 권위와 힘을 상징하는 중요한 요소가 되었다. 서양에서는 누구나 명검 하면 첫 번째로 떠올리는 검으로, 칼은 전설적인 무기의 대명사다.

칼만큼 쓰임이 다양한 물건이 또 있을까? 인류의 문명 진화와 함께 칼의 제작과 쓰임새는 다양한 형태로 발전했다. 칼 모양의 석기는 원시시대부터 존재했고, 현대에도 그 수를 헤아릴 수 없을 정도로 세분화되어 있으며, 그 사용과 목적에 따라 다양하다. 칼은 석기 시대부터 현대에 이르기까지 인간에게 가장 이로운 도구지만 때로는 사람을 해치는 강력한 무기로 사용되기도 했다. 금속제 칼을 최초로 사용한 사람은 함무라비 법전에 나오는 바빌로니아의 의사로 청동 나이프를 외과용 칼로 사용했다. 신라의 소년 황창랑은 백제에 들어가 검무[19]를 추면서 주의를 끌다가 백제의 왕을 죽이고 장렬하게 전사했다. 이를 추모하기 위해 신라인들은 그의 얼굴을 본뜬 가면을 쓰고 칼춤을 추기 시작했고, 이것이 검무의 시초가 되었다. 또한 주방의 셰프에게 칼은 무엇보다도 소중한 물건이자 없어서는 안 될 도구이다.

---

19 검무(劍舞): 검무 또는 칼춤이라고 한다. 신라의 소년 황창랑이 검무를 빙자하여 백제 왕을 척살하고 백제인들에게 피살되었으므로, 신라사람들이 이를 슬피 여겨 '소년의 얼굴을 닮은 가면을 만들어 쓰고 칼춤을 춘 것'으로 전해진다.

우리에겐 '쌍둥이 칼'로 알려진 헹켈, 본래 이름은 '즈윌링 J A 헹켈(Zwilling Johann Abraham Henckels)'이다. '즈윌링(Zwilling)'은 독일어로 쌍둥이라는 뜻이다. 회사 로고 역시 두 명의 사람이 서로 어깨동무를 하고 있는 쌍둥이를 이미지화했다. 독일 베스트팔렌 주의 작은 마을 졸링겐은 대장장이 마을로 유명했다. 질 좋은 철이 많이 생산되는 지역으로 오래전부터 길드 조합이 형성되었다. 1731년 피터 헹켈(Peter Henckels)은 이 쌍둥이 마크를 처음으로 상표 등록했다. 그날은 마침 쌍둥이 별자리였고, 이를 기념하며 이름을 지었다. 이것이 지금 우리가 흔히 알고 있는 '쌍둥이 칼' 헹켈의 기원이다. 이 마크는 브랜드 역사상 가장 오래된 상표로서 세계 최초의 등록상표로 기록되었다.

쓰기 쉽고
오래가는
칼을 만들자!

헹켈의 기업 이념은 '쓰기 쉽고 오래가는 칼'을 만드는 것이다. 그래서 주방이나 식당에서 하루 종일 칼을 사용해도 불편하거나 손목에 무리가 가지 않으며, 칼날을 갈지 않아도 잘 썰린다는 것이 특징이다. 과거에는 기사와 검투사들이 쓰는 검을 만들었으나, 세월이 지나고 점차 검의 수요가 줄어들면서 그 쓰임이 사라지게 되었다. 그러나 그들은 사용이 줄어든 '칼'을 놓지 않았다. 주방에서 사용하는 식칼과 가위, 손톱 손질 기구, 이발소용 면도기 등을 제작하며 전통의 기술을 계승했다. 그 결과 오늘날 칼 하나로 세계 일류기업 대열에 올라, 전 세계 120여 개국에서 판매되고 있다.

현재 즈윌링 그룹에 속한 브랜드로는 즈윌링, 헹켈, 스타우브, BSF, 미야비, 드메이어, 발라리니 등이 있다. 무려 3세기에 걸쳐 전 세계 요리 전문가와 주부들의 사랑을 받으며, 관련 브랜드 중 유일하게 세계 100대 명품으로 선정되어 그 명성을 이어가고 있다. 오래된 역사와 축적된 기술력, 특별한 제조공법, 그리고 과학과 예술적인 디자인 감각의 혼합이 오늘의 헹켈을 이어오게 한 원동력이라고 할 수 있다.

기술의 한계에 도전

오랜 시간 사용해도 마모가 잘되지 않는 헹켈의 칼은 긴 세월 동안 쌓인 노하우와 경험을 지니고 있다. 그들만의 차별화 전략은 품질을 결정짓는 재료의 중요성을 인식하고, 오랜 전통 방식을 고수하면서도 혁신적인 정밀 공정기술을 꾸준히 개발하는 데 있다. 헹켈은 '한 종류의 쇠로 칼을 만든다'는 기존의 상식을 깨고, 섭씨 1,000도의 고온과 영하 80도의 극저온을 오가는 특수 단조 공법을 사용하여 각기 다른 성질의 쇠를 이어 붙인 주방용 칼을 선보였다. 명품 칼을 만들기 위해서는 재료부터 다르다. 칼의 품질을 결정짓는 주된 재료는 스테인리스 스틸로, 녹과 부식이 일반 강철에 비해 적고, 다양한 등급과 외관을 만들 수 있다. 칼 본연의 기능인 절삭력을 위해 원료를 처리하는 과정이 무엇보다 중요하다.

1939년 헹켈은 얼룩을 방지하는 '아이스 하드닝 프리오듀어(Fridour)' 공법 개발로 특허를 획득했다. 프리오듀어 공법은 칼날 제작의 핵심 공정인 열처리와 냉각 과정을 혁신적으로 개선하여, 칼날의 강도와 신축성을 극대화한 독보적인 기술이다. 이 공법은 헹켈의 고유기술로 등록되었으며, 특수 아이스 하드닝 공정을 거쳐 만들어진 제품에 적용되고 있다. 이 공법으로 처리된 칼날은 일반 칼날에 비해 훨씬 더 오래 날카로움을 유지할 수 있다. 이는 칼을 자주 갈아야 하는 번거로움을 줄이고, 식재료를 언제나 깨끗하고 정교하게 다룰 수 있도록 한다. 또 칼날의 강도와 신축성을 높여 부러짐을 방지하고, 안전한 사용을 보장하며 오랫동안 칼을 사용할 수 있도록 한다.

칼의 품질은 사용되는 스테인리스 스틸의 등급에 따라 결정된다. 스테인리스 스틸의 주요 특성은 부식 방지와 강도이다. 오랜 사용에도 녹슬지 않고, 적은 힘으로도 우수한 절삭력을 제공하는 칼을 제작하는 것이 중요하다. 이러한 특성은 화학적 성분 함량비와 적절한 열처리 과정에 따라 결정된다. 헹켈사는 이를 고려하여 주방용 칼에 적합한 스테인리스 스틸 소재를 개발하고, 자체 생산을 통해 필요한 품질을 유지하기 위해 꾸준한 연구를 진행했다. 그 결과, 이상적인 배합으로 카본, 크롬, 그리고 기타 성분을 조합하여 특별한 포뮬러를 개발했다. 일반적인 스테인리스 스틸은 녹슬지는 않지만 오랫동안 예리함을 유지하기 어렵다. 반면, 헹켈이 개발한 '하이카본 스테인리스 스틸'은 내식성과 강도가 뛰어나 지속적인 사용에도 예리함이 유지되는 장점이 있다.

우리가 일반적으로 사용하고 있는 주방용 칼은 칼날(Blade), 칼목(Bolster), 칼자루(Tang) 이렇게 세 부분으로 나눌 수 있다. 이들 각 부분은 SCT(Sinter metal Component Technology) 공법을 통해 제작되어 각기 다른 기능에 최적화된 재질을 사용한다. 이 공법으로 제작된 칼은 강력한 충격에도 견딜 수 있는 뛰어난 내구성으로 오랫동안 변형되지 않도록 안전하게 만들어진다. 사용자의 손에 편안하게 잡히도록 설계되었고, 장시간 사용해도 손에 피로가 적다. 또한 칼날, 칼목, 칼자루의 이음새를 완벽하게 처리하여 위생적이고 깨끗하게 사용할 수 있다. SCT 공법으로 제작한 칼은 헹켈의 최고급 라인으로, 전문 요리사들이 주로 사용하는 '프로페셔널 에스', 헹켈의 대표 라인인 '포 스타' 그리고 '파이브 스타', '트윈 컬렉션', '트윈 셀렉트' 등 취향에 맞는 칼을 선택할 수 있다. 특히 한국 주부들의 가장 많은 사랑을 받고 있는 '파이브 스타' 모델은 장시간 사용 시 손과 어깨의 피로를 최소화하기 위해 고안된 부드러운 곡선 형태의 설계로, 조리용 칼의 새로운 혁신을 불러일으켰다. 인체공학적 디자인을 접목해서 칼을 잡을 때 엄지손가락이 닿는 부분이 부드럽게 이어지고, 균형 있는 힘의 배분을 도와주며, 안전하고 간결한 사용으로 안정적이며 편안하다.

소비자의 요구는 다양하다. 자르는 성능도 중요하지만 위생적인 부분을 우선으로 생각하는 사람도 있다. 그래서 물건을 잘 자르는 것도 좋지만 위생을 고려해 절삭력이 비교적 약한 스테인리스 칼을 배합하는 기술을 최초로 상용화했다. 칼날과 볼스터, 손잡이의 이음새 부분을 시그마포지 공법[20]으로 완벽하게 하나로 연결해 세균번식을 방지시켜준다. 또 손을 보호하고 위생적이며, 칼의 무게 균형을 잡아주어 적은 힘으로도 우수한 절삭력을 보여준다. 그뿐만 아니라 연구원들과 요리 전문가들에 의해 개발된 인체에 가장 적합하며, 정교하게 수공으로 연마된 표면처리와 최첨단의 정밀(Honing)[21] 공정을 통한, 적절한 칼날의 각도를 규격화하였다.

헹켈의 제품군은 크게 두 가지로 나뉜다. 하나는 일반적으로 '쌍둥이 칼'이라 불리는 트윈(Twin) 시리즈, 다른 하나는 헹켈 프리미엄보다 저렴한 보급형 '외둥이', 인터내셔널(International) 시리즈다. 뛰어난 기술력을 바탕으로 보다 실용적이고 경제적인 가격대의 칼을 생산하고 보급하기 위해 이 서브 브랜드를 만들었다. 중국, 스페인, 일본 등에 자사를 설립하고, 독일에서 직접 수입한 원료와 기계를 사용해 철저한 품질관리 하에 제품을 생산하고 있다. 이러한 글로벌 생산체계는 헹켈의 엄격한 품질 기준을 유지하면서도 다양한 소비자층을 만족시킬 수 있는 원동력이 되었다. 헹켈은 매년 매출의 상당 부분을 신제품 개발과 기술 혁신에 투자하며 지속적인 기술 개발에 힘쓰고 있다. 이는 오랫동안 이어온 소비자들의 신뢰를 지키기 위한 헹켈의 변함없는 노력의 일환이다.

---

20 시그마포지 공법(Sigma Forge): 최적의 온도와 힘의 비율을 적용해서 단일 피스를 한번에 단조하여 하나의 칼을 제작하는 공법으로서 칼과 볼스터, 칼자루를 이음새 없이 제작하여 뛰어난 내구성을 갖는다.
21 정밀(Honing): 숫돌로 공작물을 가볍게 문질러 정밀 다듬질하는 기계 가공법

명품, 쓰임의 미학

칼 선택과 관리 방법

무조건 비싼 칼을 고르기보다 자신에게 잘 맞는 칼을 선택하는 것이 중요하다. 칼의 질감, 두께, 손잡이의 편안함 등을 꼼꼼히 살펴보고, 평소에 주로 어떤 용도로 사용하는지 파악한 후 고르는 것이 좋다. 칼을 사용할 때는 몇 가지 기본 원칙을 지켜야 한다. 사용 후 즉시 세척하는 것이 좋으며, 특히 무쇠로 만든 칼은 상온에서 녹이 슬 염려가 있으므로 사용 후 기름칠을 해줘야 오래 사용할 수 있다. 요리의 기본은 칼질, 좋은 칼은 음식의 맛에까지 영향을 미치므로, 올바른 칼잡이 자세는 중요하다. 칼을 잡을 때는 손목의 힘을 빼고 엄지와 검지손가락으로 손잡이를 감싸듯 칼등을 가볍게 잡는다. 나머지 세 손가락은 손잡이 위에서 아래 방향으로 자연스럽게 감싸듯이 잡고 칼질을 한다.

본질에 충실하며,
새로운 시각으로 현상을 관찰한다

칼 보관법

- 미세한 칼날의 흠집을 막기 위해 다른 조리기구와 닿지 않도록 독립된 공간에 보관한다.
- 전용 칼꽂이(칼블럭)를 사용하는 것이 위생적이며, 블록 보관 시 물기를 완전히 제거한다.
- 칼날은 염분과 산에 약하기 때문에 김치나 신맛의 과일을 잘랐을 경우 바로 세척한다.
- 칼을 뜨겁게 달구면 칼날이 무뎌지는 경향이 있으므로 주의한다.
- 스테인리스 손잡이의 무광택 처리를 유지하기 위해 마른 천으로 물기를 완전히 제거한다.
- 사용 시 누르는 압력이 덜하기 위해 칼을 날카롭게 유지하는 것이 안전하다.

명품 커트러리 브랜드로 진화

헹켈의 제품에는 파격이 없다. 겉으로 드러나는 화려함은 없지만, 단순해 보이는 그 칼 속에는 300년의 역사와 전통이 살아 숨 쉰다. 헹켈의 칼을 한 번 구매하면 평생 사용할 수 있다는 믿음과 신뢰는 이미 전 세계 소비자들로부터 인정받고 있다. 헹켈의 칼은 품질과 내구성이 뛰어나 칼 자체의 실용성도 탁월하지만, 한 번 판매된 제품에 대해서도 지속적인 품질관리를 통해 고객의 신뢰를 지켜오고 있다.

성공한 브랜드 대부분은 무에서 유를 창조하기보다는 기존 제품의 완성도에 새로운 시각으로 가치를 재해석하고 이를 실천한다. 오랫동안 지켜온 전통의 기술력을 위해 새로운 시장을 찾기보다는 본질에 충실하며, 새로운 시각으로 현상을 관찰하고, 거기에서 경쟁력을 발견하는 것이 중요하다. 헹켈은 칼 제조에서 시작해 이제는 주방용 조리기구를 대표하는 커트러리 산업계의 명품으로 자리 잡았다.

헹켈의 제품은 단순한 주방 요리 도구를 넘어, 전 세계 요리 문화의 발전을 이끄는 전문기업으로서의 위상을 확고히 하고 있다. 이는 수백 년간 이어져 온 전통과 혁신의 결실이다. 칼을 만드는 과정에서 쌓아온 기술과 경험은 헹켈의 제품에 특별한 가치를 부여하며, 고객들이 일상에서 느끼는 만족감을 통해 그 가치는 더욱 빛을 발한다. 쌍둥이 칼을 손에 쥐는 순간, 그 속에 담긴 역사와 철학, 그리고 끊임없는 기술 혁신을 느낄 수 있다.

인지음향의 오디오
뱅앤올룹슨

대학 졸업 후, 얼마간 잡지사에서 일할 기회가 있었다. CF 감독의 인터뷰를 위해 강남에 있는 사무실을 방문했는데, 문을 열고 들어가자마자 독특한 물건과 마주하게 되었다. 한 번도 본 적 없는 디자인이었다. 유리 케이스 안에 들어있는 CD를 보니 분명 소리의 파동을 전달하는 장치임을 알아챌 수 있었다. 단순한 외관에도 불구하고, 그 앰프에서 퍼져 나오는 강렬하면서 청명한 소리는 일반적인 오디오가 아님을 직감케 했다. 무심한 듯 투명한 유리판과 6개의 CD를 탑재한 기하학적 모양의 차가운 금속 질감의 오디오는 단순한 디자인을 넘어 낯설지만 신선함, 그 자체였다. 레이저로 판독한 대형 클램퍼는 6개의 디스크 열을 따라 강력한 모터에 의해 고속으로 구동된다. 버튼 하나만 누르면 CD를 잡아 재생하는 클램퍼가 디스크 사이를 부드럽게 미끄러지며 이동한다. CD와 CD 사이를 오가는 클램퍼 속도는 트랙 사이 간극과 같아 여러 장의 CD를 번갈아 가며 들어도 마치 한 CD를 듣는 것과 같은 효과를 준다. 또 손을 대면 자동으로 멈추는 안전 기능도 탑재되어 있다.

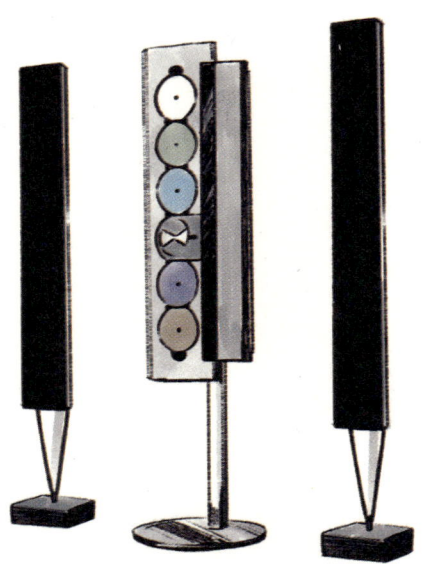

 그 시절 청계천 전자상가에서 구입한 휴대용 CD플레이어 워크맨을 최고로 알고 있던 나는 심박한 디자인에 큰 충격을 받았고, 훗날 그 오디오는 CD 체인저가 탑재된 뱅앤올룹슨(Bang & Olufsen)의 'BeoSound 9000'임을 알게 되었다. 현재는 단종되었으나 중고 가격은 계속 오르고 있어 오디오계의 전설적인 이름으로 남았다.

음악 재생 장치를 넘어, 기술과 예술 그리고 인간의 감성이 결합된 매체

상상해 보라. 눈을 감고 편안한 자세로 의자에 앉아 있다. 부드러운 조명이 방안을 채우고, 따스한 온기가 감돈다. 그 순간, 마법 같은 음악이 흘러나오기 시작한다. 처음에는 부드러운 속삭임처럼 들리는 음악이 점점 더 강렬해지며, 마치 거대한 파도처럼 온몸을 감싸온다. 웅장한 오케스트라의 선율, 감미로운 보이스 그리고 깊은 저음이 어우러져 당신의 영혼을 흔들고, 잊고 있던 감성을 자극한다. 벅차오르는 감동과 위로, 회환의 눈물로 마치 꿈속 언저리 어딘가에 있는 듯한 기분이다. 음악이 끝나고도 오랫 동안 그 감동은 사라지지 않는다. 이것이 바로 오디오의 놀라운 힘이다.

감성을 사로잡는 디자인

　세계적인 오디오 브랜드 뱅앤올룹슨(B&O)은 단순한 오디오 제조사가 아니라, 예술적인 디자인과 감성적인 터치로 사람들의 마음을 깊이 사로잡는 특별한 존재다. 덴마크 왕실과 정부가 해외 국빈에게 선물하는 명품으로 손꼽히는 B&O는 덴마크를 대표하는 기업이자 덴마크 디자인의 상징적인 존재로 자리매김하고 있다. 덴마크는 인구가 600만 명도 채 되지 않는 작은 나라임에도 불구하고, 세계적으로 유명한 기업들을 다수 보유하고 있다. 덴마크 디자인은 단순한 품질을 넘어 기능성과 심미성, 그리고 인위적이지 않은 자연스러움을 특징으로 한다. 이는 물질적인 가치보다 정신적 충족을 중요하게 생각하는 덴마크의 라이프스타일을 그대로 반영하고 있다.

　B&O는 시대를 초월하는 아름다움과 미니멀리즘을 통해 독창적인 디자인 철학을 구현하며, 뱅앤올룹슨만의 고유한 브랜드 정체성을 표현한다. B&O의 고품질 음향과 정밀하게 설계된 음향 기술은 일상의 스트레스와 걱정을 잊게 하고, 편안한 휴식의 세계로 빠져들게 하는 마법 같은 힘을 갖는다. 뛰어난 기능성은 오랜 시간 사용해도 질리지 않고 매력을 유지하며, 사용자에게 편리하고 만족스러운 경험을 제공한다. 자연적인 소재와 미니멀한 디자인은 심미성과 기능성을 동시에 충족시켜 공간에 아름다움을 더한다. B&O는 100년이 넘는 역사 속에서 끊임없이 혁신하고 도전하며 오늘날의 위상을 지켜왔다. 전통을 잇되 최첨단 기술과 디자인 트렌드를 반영하며 독창적인 제품들을 선보인다.

뱅앤올룹슨은 한국에서도 많은 사랑을 받고 있다. 1998년 갤러리아백화점에 첫 공식 매장을 연 뒤 현재 압구정 플래그십스토어를 포함해 전국 여러 곳에서 소개되고 있다. 뱅앤올룹슨의 매장은 단순한 오디오 판매장을 넘어 직접 소리를 듣고, 보고, 느낄 수 있도록 호흡하는 공간으로 연출된다. 이 글을 읽는 사람이라면 꼭 한번, 방문해서 그 분위기를 직접 느껴보라고 권장한다. 애플 디자인에 영향을 주었고, 아이팟의 상징이었던 클릭 휠이 B&O의 전화기에서 영감을 받았다는 소문이 있다.

끊임없는 혁신과 도전

라디오에 한창 몰두했던 페테르 뱅(Peter Bang)과 스벤 올룹슨(Svend Olufsen)은 1925년 그들의 이름을 따서 '뱅앤올룹슨 일리네이터'라는 브랜드를 만들었다. 처음으로 배터리 없이 플러그만으로 작동하는 오디오를 개발하고, 세계 최초로 휴대용 녹음기를 시판한다. 이후 관련 제품들을 출시하면서 점점 사업을 확장하게 된다. 그러나 제2차 세계 대전으로 회사가 불타는 등 위기를 맞게 되었고, 전쟁이 끝난 후 공장을 재건하면서 본격적으로 오디오 관련 전자제품에 집중한다. 1990년대 들어서면서 대리점 판매 방식을 버리고 직영 매장을 열면서 이전의 분리형 오디오 개발 판매를 중단하고, 프리미엄급 올인원 오디오에 주력하게 된다.

뱅앤올룹슨이라는 브랜드명은 새로운 기술과 아름다운 디자인의 완벽한 조화로 브랜드 가치를 확장했다. 그러나 소니나 필립스와 같은 가전업체들의 도전에 직면하면서 위기에 몰린다. 이에 B&O는 기업의 생산목표를 대량생산에서 주문 제작 방식으로 바꾼다. 이것은 디자인에도 혁신적인 변화를 초래했다. 첨단 기술이나 저렴한 가격보다는 군더더기 하나 없는 미니멀한 형태의 디자인으로 사람들의 가슴을 파고드는 감성과 이미지로 무장하며, 다른 전자제품 생산 기업들과는 완전한 차별화를 이루게 되었다. 드디어 B&O의 위상은 명품 반열에 오르게 된다. 하지만 B&O는 2000년 후반부터 심각한 침체기에 접어들기 시작한다. 2008년 전 세계를 휩쓴 글로벌 금융위기와 급기야 찾아든 스마트폰의 보급으로 소비자는 MP3나 DVD, 거치형 오디오를 찾지 않게 되었다. 이에 더 이상 수익이 나지 않는 휴대폰, MP3 개발을 과감하게 중단하고 젊은 세대의 취향을 고려한 휴대용 스피커와 헤드폰, 이어폰 라인업을 늘리기 시작했다. 또 카오디오 시장에 진출하면서 벤츠, BMW와 같은 럭셔리 브랜드와 콜라보하며 다시 부활에 성공하게 된다.

위대한 디자인을 위해서라면
다른 모든 것을 과감히 포기하겠다

특히 '사용자와 교감하는 가전제품'이란 컨셉으로 깔끔한 화면과 사용자 그리고 실내 공간 사이의 소통에 초점을 맞춘 제품 개발로 '베오랩 5 스피커'가 출시 된다. 원뿔형으로 생긴 독특한 디자인으로 깨끗한 소리가 재현되면서 마치 라이브로 듣는 것 같은 생생함이 느껴진다. 공간의 크기, 사람의 위치, 심지어 소파의 재질까지 공간의 환경을 자동으로 분석해서 최적의 음향을 재현해낸다. 공기 반 소리 반이라고 말하던 모 가수의 말처럼 작은 위치 하나로 음파를 분석하고 공간의 특성에 맞춰 소리를 내다니, 첨단의 기술력이 아날로그적 감성을 끌어올린 셈이다. 특히 공간의 제약 없이도 편안하게 음악을 들을 수 있는 조건을 만들며, 강력한 사운드를 통해 멀리 떨어진 구석구석까지도 사운드를 전달할 수 있도록 설계되었다. 또 주변 환경에 관계없이 사운드의 선명도를 향상시키는 새로운 경험을 제공할 수 있도록 배치했다. 궁극적으로 위대한 디자인을 위해서라면 다른 모든 것을 과감히 포기하겠다는 신념으로 풍성한 음질과 시대를 초월한 인터페이스에 집중했다. B&O는 누구나 소유할 수 없는 희소성의 가치로 전 세계인의 감성을 자극하며, 상품을 뛰어넘어 예술작품으로 디자인과 인테리어 효과를 자랑한다.

아름다움과 기능성의 조화

뱅앤올룹슨의 제품 디자인은 단순히 아름답기만 한 것이 아니라 제품의 미적 가치와 기능성을 모두 고려하여 완성된다. 알루미늄을 다루는 기술에서는 세계 정상급의 역량을 보유하고 있으며, 이를 통해 가벼우면서도 강도가 뛰어난 제품을 만들어 내고 있다. 이러한 디자인 접근은 제품의 내구성을 높이고, 동시에 고급스러운 외관을 제공한다.

B&O는 제품의 내구성을 보장하기 위해 일명 '고문실'이라 불리는 연구소에서 다양한 실험을 연구한다. 이 시설에서는 제품이 어떠한 환경에서도 무리 없이 작동할 수 있는지를 확인하기 위해 여러 가지 극한의 테스트를 진행한다. 먼저, 온도 변화 테스트로 제품을 영하 25도의 냉동고에서 6시간 동안 냉동보관한 후, 섭씨 40도의 오븐에 넣는 등 극한의 온도 변화 상황에서 제품의 내구성을 검사한다. 텔레비전의 경우 강도 높은 충격에도 화면이 깨지지 않고, 파편이 사람에게 해를 끼치지 않는지 충격 테스트를 진행한다. 리모컨의 경우 지속적인 사용에도 버튼이 제대로 작동하고, 버튼 프린트가 벗겨지지 않는지를 테스트하며, 제품의 운송 중 발생할 수 있는 상황을 시뮬레이션하여 충돌 테스트와 운송 중의 다양한 상황을 실험한다. 이러한 철저한 테스트 과정을 통해 B&O 제품이 출고 후에도 안전하게 도착하고, 사용 중에도 안정적으로 작동할 수 있도록 보장한다.

뱅앤올룹슨은 단순히 심미적·기능적인 제품을 만드는 데 그치지 않고, 사회적 흐름과 삶의 질을 고려한 디자인을 선보인다. 최상의 품질을 보장하기 위해 최상급 재료만을 사용하고, 제조 공정의 70% 이상을 수작업으로 진행하여 제품의 완성도를 높이고 있다. 이러한 수작업 제조 과정은 제품의 세밀한 부분까지 신경을 쓰며, 뛰어난 음질과 화질을 제공하는 데 기여한다. 무엇보다 고객의 삶에 아름다움을 더하고 삶의 질을 향상시키는 데 주력한다. B&O는 라이프스타일 전략을 세우고 새로운 디자인 라인을 개발하며, 사용자에게 단순한 제품 이상의 가치를 제공한다.

창의적인 디자인 정신

B&O는 디자이너들이 자유로운 생각과 행동을 할 수 있도록 회사 분위기를 조성한다. 관료화된 조직에 속해 있으면 창의성을 발휘하기 어렵다는 이유로 디자이너들은 정규 직원이 아닌 계약 프리랜서로서 일한다. 회사 내에 '아이디어 랜드'를 구축하여, 외부 디자이너와 내부 기술자들이 만나 아이디어를 공유한다. 아이디어 랜드에는 디자이너, 콘셉트 개발자, 기술자, 경영인 등 300여 명이 넘는 전문가들이 참여해 제품 개발 초기 단계부터 협업하여 제품의 기초를 다지고, 필요할 때는 새로운 팀을 구성하여 제품 개발에 참여한다.

이는 높은 품질의 제품을 제공하면서도 새롭고 혁신적인 디자인을 만들어 낼 수 있는 B&O의 가장 큰 강점 중 하나이며, 시장에서 경쟁력을 유지하는 데 중요한 역할을 한다. 또한, 제품의 생산 방향을 결정하는 권한은 디자이너에게 있으며, 엔지니어와 경영진은 디자이너의 아이디어를 실현하기 위해 돕는 역할을 한다. 이러한 창의적인 조직 문화는 뱅앤올룹슨 제품의 독창적인 디자인을 가능하게 하는 원동력이 되며, 프리미엄 브랜드로서의 입지를 굳건하게 한다.

뱅앤올룹슨의 제품은 전 세계적으로 많은 사랑을 받고 있으며, 특히 젊은층을 중심으로 인기가 높아지고 있다. 최근에는 사운드 바, 스마트 스피커, 헤드셋 등 새로운 제품들을 선보이며 시장을 확대할 뿐 아니라, 인공지능(AI) 기술을 적극적으로 활용하여 신제품 연구에 몰두하고 있다. 이러한 노력으로 앞으로 글로벌 오디오 시장에서 새로운 트렌드를 제시하며, 보다 혁신적인 제품을 선보일 것으로 기대한다.

미래를 향한 발걸음

뱅앤올룹슨은 단순한 오디오 기기를 넘어, 시간을 초월한 아름다움을 담은 예술 작품이다. 100년이 넘는 세월 동안 이어져 온 B&O의 장인정신은, 마치 오래된 와인처럼 시간이 흐를수록 더욱 깊은 풍미를 더한다. 단순히 유행을 따라가는 것이 아니라, 새로운 트렌드를 만들어가는 선구자로서 끊임없는 연구 개발을 통해, 뱅앤올룹슨은 음향 기술의 한계를 뛰어넘고, 인공지능과의 결합을 통한 스마트 홈 시스템을 구축하고 있다.

북유럽 디자인의 정수를 담은 뱅앤올룹슨의 제품들은 자연과 인간의 조화를 중시하며, 심플하면서도 기능적인 디자인은 사용자에게 편안함을 선사한다. 제품을 사용하는 순간, 우리는 복잡한 일상 속에서 잠시 벗어나 평온함을 느낄 수 있게 된다. 마치 할아버지의 손때 묻은 시계를 물려받은 듯, B&O의 제품은 세대를 넘어 이어지는 소중한 유산이다.

시간이 흘러도 변하지 않는 아름다움을 추구하는 뱅앤올룹슨의 철학은 우리에게 진정한 가치를 일깨워준다. 빠르게 변화하는 현대 사회에서 잠시 멈춰 서서, 우리 안의 소중한 것들을 되돌아보게 한다. B&O의 오디오는 단순한 음악 재생 장치가 아니라, 우리의 삶을 풍요롭게 만들어주는 동반자이다.

전설에서 첨단으로 부활한
몰스킨

해마다 연말이 되면 치르는 연례행사가 있다. 새해의 기대와 설렘을 담아 신년 다이어리를 구입하고 각종 기념일과 행사, 앞으로 해야 할 일을 꼼꼼하게 기입한다. 연락처 페이지에 지인들의 전화번호와 주소 등을 옮겨 적는 일도 빠지지 않는다. 새로 산 다이어리를 또박또박 써 내려가는 일은 성스러운 행위이자 일종의 의식과도 같은 일이다. 그런데 언제부터인지 이 다이어리의 쓰임이 점차 희미해지고 있다. 애써 다이어리를 들춰보거나 기억하지 않아도 손에 쥔 휴대폰만 있으면 모든 게 해결된다.

스마트폰의 등장은 우리 삶의 방식을 크게 바꾸었다. 메모, 스케줄 관리, 게임과 영화 관람까지 휴대폰 앞에서 다이어리는 점점 빛을 잃어가고 있다. 문명의 발전은 경이로운 속도로 진보하지만, 반대로 다이어리는 사라져 가는 구시대의 유물처럼 여겨지기도 한다. 만일, 이렇게 소중함을 넘어 거룩하기까지 한 핸드폰을 잠시나마 사용할 수 없는 처지라면 어떨까? 상상만 해도 아찔하다. 21세기 컴퓨터와 스마트폰이 우리의 일상을 점령했지만 그래도 우리에겐 아날로그적 감성으로 종이 냄새와 볼펜의 유연성이 주는 펜 굴림의 자태, 그리고 연필의 사각거림이 주는 감성을 느낄 수 있는 물건은 뭐니 뭐니 해도 손으로 직접 쓴 노트다.

시간을 초월한 영감의 공간

다이어리는 단순한 정보 기록 도구 이상의 의미를 지닌다. 손으로 직접 글을 쓰는 과정은 생각을 정리하고 기억을 각인시키는 데 도움이 된다. 다이어리에 막 쓴 글씨, 잉크 얼룩, 그리고 여백에 낙서된 그림들은 디지털 기기로는 대체할 수 없는 휴머니즘이 묻어있다. 다이어리는 단순한 일기장이 아닌 나만의 이야기를 담는 비밀의 공간이다. 스마트폰에는 담을 수 없는 개인적인 경험은 삶의 일부를 기록하고 추억을 보존하는 역할을 대신한다.

오랜 시간 수많은 예술가와 사상가들의 사랑을 받아 온 전설적인 노트북이 있다. 일명 몰스킨(Moleskine)이라 칭한다. 가끔 해외 영화나 드라마에 등장하는 두툼한 가죽 커버로 된 다이어리, 잉크 묻힌 펜촉으로 종이 위를 쓱 써 내려가는 폼이 제법 그럴싸하다. 몰스킨의 외장은 따뜻한 면직물의 일종으로 두꺼운 천으로 무겁고 튼튼하며 부드러운 감촉이 특징이다. 가죽 표면에 보풀을 일게 하고 기모 처리하여 마치 두더지 가죽과 비슷한 느낌을 준다고 해서 두더지 모피라고도 부른다.

몰스킨 노트는 시간을 거슬러 200여 년 전 프랑스에서 주로 만들어졌다. 당시는 단순히 노트를 통칭하는 단어로서 특정 회사 제품의 상품을 의미하지 않았다. 몰스킨의 형태는 검은색 양피 커버를 하고 두툼한 미색의 속지를 실로 꿰매고, 이를 묶어주는 밴드가 트레이드마크다. 일일이 장인의 손을 거쳐 제작되는 몰스킨 노트는 지식인, 예술가 할 것 없이 많은 사람들에게 애용되었다. 우리에게 너무나 유명한 빈센트 반 고흐는 스케치북으로 사용했으며, 파블로 피카소는 아이템 노트로, 그리고 헤밍웨이 소설의 모티브를 잡는 메모장으로 활용되었다. 그 밖에도 앙드레 브르통, 폴 스미스 등 세계적인 예술가들의 사랑을 받아왔다. 수많은 예술가, 과학자, 사상가들은 몰스킨을 통해 영감을 떠올리며, 새로운 아이디어를 저장하고 생각을 담아냈다.

종이의 탄생

인간의 언어와 기억, 생각을 저장할 수 있는 매개체로서의 노트는 종이의 묶음이다. 종이는 문화와 역사를 연결해 주는 중요한 수단으로, 인간이 만들어 낸 최고의 발명품 중에 하나다. 종이 발명 이전에는 파피루스(Papyrus)가 있었다. 기원전 3000년경 이집트 나일강변의 갈대식물인 파피루스의 잎을 가늘기 쪼개어 가지런히 겹쳐 놓은 후, 햇볕에 말려 매끄럽고 얇은 종이처럼 만들어 기록하는 용도로 사용하였다. 이 파피루스가 수천 년 동안 가장 오랫동안 글쓰기 재료로 사용되었고, 현재 영어 Paper를 비롯하여 유럽 나라들의 종이라는 단어에 어원이 되었다.

종이는 나침반, 화약 등과 함께 중국의 3대 발명 중 하나로 간주된다. 그러면 종이를 발명[22]한 사람은 누구일까? 105년경 중국 후한 시대 환관이었던 채륜은 포장 재료로 쓰이던 종이를 개량하여 글을 쓸 수 있는 종이로 만들었다. 당시에는 대나무나 비단 천에 글을 쓰곤 하였다. 대나무는 무겁고 운반하기 어려우며, 비단은 값이 비싸 쉽게 사용할 만한 재료가 아니었다. 채륜은 나무껍질과 넝마, 식물의 찌꺼기를 활용하여 제지 기술을 개량하고 실용적인 목적으로 종이를 생산했다. 이는 후대에 종이를 만드는 표준 방법이 되었고, 세계 각지로 전해졌다. 이러한 종이 제지법은 문자의 기록과 학문 발전, 지식 전달 수단으로서 중국 문명사에 큰 영향을 주었을 뿐 아니라 인류가 역사를 이어 갈 수 있는 원천이 되었다.

우리 선조들은 일찌감치 중국으로부터 제지 기술을 받아들였다. 그리고 오랫동안 변하지 않는 질 좋은 종이를 만들기 위해 닥나무를 재료로 우리 실정에 맞는 세계 최고의 한지를 만들었다. 중국의 선지는 주로 죽피, 마피, 청단피의 볏짚이나 밀짚을 숙성시킨 후에 혼합한 원료를 사용하는 반면에 우리 한지는 닥나무 껍질과 잿물, 황촉규 뿌리 점액을 원료로 한다. 한지 특유의 광택과

---

22 채륜이 105년 최초의 종이인 채후지(蔡侯紙)를 발명했다는 기록이 있다. 이 채후지는 당대 중국에 존재하던 제지 기술을 개량하여 실용적인 목적으로 생산한 종이로서 종이의 발명이라기보다 제지법을 정립했다고 보는 것이 맞는 표현이다.

치밀한 조직은 견고하고 보존성이 뛰어나다. '견오백(絹五百) 지천년(紙千年)'이라는 말이 전해진다. 이 말의 의미는 비단의 수명은 오백 년을 가지만 한지의 수명은 천 년을 간다는 말이다. 그만큼 우리 한지가 우수함을 인정받는 대목이다.

현존하는 가장 오래된 목판 인쇄본인 《무구정광대다라니경》은(추정 704년) 오랜 산화작용으로 부식되고 일부가 훼손되었다. 1966년 불국사 석가탑 내부에서 발견했을 당시, 1200년이나 지났음에도 불구하고 본문의 내용을 판독할 수 있을 정도로 그 보존 상태가 매우 우수했다. 이렇듯 천 년이 지나도 종이로서의 수명을 잃지 않으며 내구성이 강한 한지에는 어떤 비밀이 있을까?

한지가 우수한 점은 우리나라 닥나무를 비롯한 천연 잿물[23]을 원료로 사용하여 중성지를 띠며, 장섬유로서 결합력이 높고, 외발뜨기(흘림뜨기)를 통해 섬유질이 고르게 분포된다는 것이다. 닥나무 껍질은 벗겨내고 내피의 섬유질을 그대로 유지하기 때문에 조직이 치밀하고 보온성과 통풍성이 뛰어나다. 또한 과학적 실험과 연구 결과에서 양지에 비해 매우 질기고 튼튼하며, 성분의 우수성이 이미 검증되었다. 이처럼 아름답고 우수한 우리 전통한지의 비결은 천연재료의 사용과 장인들의 탁월한 기술 그리고 과학적인 제조방법의 혼합체라고 할 수 있다. 한지는 우리나라를 대표하는 문화예술의 중요한 콘텐츠로 세계 문화와 소통하는 소중한 유산이다.

---

23 잿물: 볏짚이나 메밀대, 콩대 등을 태운 재를 물에 섞는다. 이 잿물을 만져보면 비눗물처럼 미끈미끈하다. 일반적으로 pH 10~12정도의 알칼리성을 띠고 있어 섬유 속의 각종 불순물들을 제거해 주고, 섬유 고유의 광택을 유지시켜준다. 산성인 양지에 비해 한지는 중성(pH 7)을 띠며 그 수명이 천년을 가는 것도 잿물의 영향이라고 할 수 있다.

몰스킨의 부활

1997년 오랜 세월 사랑을 받아온 몰스킨은 정식 브랜드 Molskine® 상표를 내고, "전설의 노트북(The Legendary Notebook)"이라는 슬로건 아래 과거 속으로 사라져가는 몰스킨을 다시 부활시킨다.

이탈리아에 회사를 설립하고, 과거 몰스킨을 제작하던 프랑스 공방을 수소문했다. 장인들이 손수 만들던 전통 제작 기법을 전수받고 사용된 재료를 찾았다. 프랑스 북부 르망 지역에서 100년 이상 생산된 전통 종이를 재현하고 고급 다이어리를 제작하였다. 세상에는 다양한 종류의 노트와 다이어리가 셀 수 없이 많다. 그중에서 몰스킨 브랜드가 갖는 가치와 정체성을 찾기 위해 끊임없이 노력했다.

이러한 노력은 다만 전통을 지키는 것에 그치지 않았다. 앞으로 시대적 흐름과 변화에 따라 창조적인 활동을 하는 사람들이 많아질 것을 예상하며, 그들만의 공간을 필요로 한 명확한 타깃층을 공략하는 전략을 세우게 된다. 연간 1,000만 개 이상 팔리는 몰스킨, 물론 지금은 언제 어디서나 인터넷으로 손쉽게 구매할 수 있지만 불과 얼마 전까지만 해도 매년 12월이 되면 일부러 대형서점을 찾아 구매해야 했다. "이것은 수첩이 아니고 아직 글자가 쓰이지 않은 책이다!"라는 메시지를 전달하기 위해 몰스킨은 노트임에도 불구하고 서점에서 판매했다. 당시에는 책으로 판매하기 위해 다이어리 앞면에는 ISBN[24]을 넣은 띠지를 붙여 마케팅 홍보를 했다.

---

24 ISBN(International Standard Book Number): 전 세계 모든 도서 출판물 발행에 앞서 고유번호를 붙여야 함

미학을 중시하며,
자율적인 사고를 위한
공간과 시간,
상상력을 고려한다

몰스킨의 미학

몰스킨은 미학을 중시하며, 자율적인 사고를 위한 공간과 시간, 상상력을 고려한다. 문화 예술의 창조를 목적으로 전통을 이어받아 다양한 기업과 예술가 그리고 작가들과 여러 형태의 컬래버레이션을 진행하고 있다. 그 예로 코카콜라 100주년 기념 세계 아티스트들과 글로벌 캠페인을 통한 몰스킨을 출시했으며, 일본 애니메이션 도라에몽 45주년 기념을 위해서 귀여운 몰스킨을 한정판으로 판매했다. 우리나라에서도 유명한 셀럽을 통한 스페셜 에디션 노트북을 출시한 바 있으며, 해리포터시리즈는 지금도 여전히 베스트 판매 상품이다.

몰스킨은 버려지거나 쓸모없어지는 물건이 아닌 영원히 간직하고 쓸 수 있는 제품을 만든다. 몰스킨 노트는 자신의 생각과 느낌이 담기기 때문에 사용하면 할수록 애착을 느끼게 된다. 제품 역시 환경에 영향을 끼치는 종이로 제작되고 있다. 모든 몰스킨 노트는 환경 친화적인 제품을 만들기 위해 중성지를 사용하며 FSC[25] 인증 받은 제품을 생산하고 판매한다. 더불어 몰스킨 제품 포장은 반드시 필요한 정도로만 최소화하여 환경 영향을 줄이고, 재사용할 수 있도록 디자인한다.

몰스킨은 기계 공정과 수작업 공정을 효과적으로 병행하면서 제품의 결함을 최소한으로 줄이고 기존의 수작업 제품과는 다른 제품을 생산한다. 제품 생산 기술과 종이의 화학 성분의 변화는 몰스킨 제품에 영향을 미치므로 이를 고려하여 높은 품질 수준을 유지하기 위해 꾸준하게 노력하고 있다.

---

25 FSC 인증™(Forest Stewardship Council™): FSC는 전 세계에서 가장 신뢰 받는 산림 관리 단체로서 처음으로 산림 인증 제도를 개발했다. FSC는 환경, 경제, 사회 분야의 전문가를 모아 세계 숲의 책임 있는 관리를 촉진하기 위해 전문 지식을 활용한다.

디지털 시대의 공존

한때, 전문가들은 예측했다. 디지털 세상에서 PC가 일반화되고 스마트폰이 대중화되면서 종이가 사라질 것이라고, 당연히 몰스킨과 같은 종이 노트북의 미래 또한 불투명해 보였다. 그러나 예상은 빗나갔다. 몰스킨은 아날로그 도구와 디지털 도구 간의 연속성과 연결에 대한 무한한 잠재력을 믿어 의심치 않았다. 단순히 과거의 추억에 매몰되지 않고, 트렌드에 맞추어 새롭게 스마트적 결합과 다양한 컬래버레이션을 통해 진부한 변화가 아닌 획기적인 도전을 시도한다.

디지털 환경에서 자란 MZ세대는 온라인 노트 앱, 메모 앱, 클라우드 기반 플랫폼 등 다양한 온라인 도구를 활용하고 있고, 디지털 기술이 발달하면서 정보 역시 점점 더 디지털화되고 있다. 하지만 이와 동시에 아날로그 감성에 대한 소구력도 커지고 있다. 손으로 글을 쓰고 그림을 그리는 행위는 디지털 기기로는 느낄 수 없는 감각적인 경험을 제공한다. 몰스킨 스마트는 창의적이고 생산적인 프로세스를 단순화하도록 설계된 스마트 도구 및 서비스 생태계로, 아이디어가 편집되고 디지털로 공유되기 전에 종이 위에서 자연스럽게 진화할 수 있다. 몰스킨은 손 솜씨의 감성과 디지털 기술의 플랫폼을 동시에 공략하며, 아날로그 감성을 추구하는 소비자들에게 프리미엄 노트 브랜드로 자리매김하고 있다.

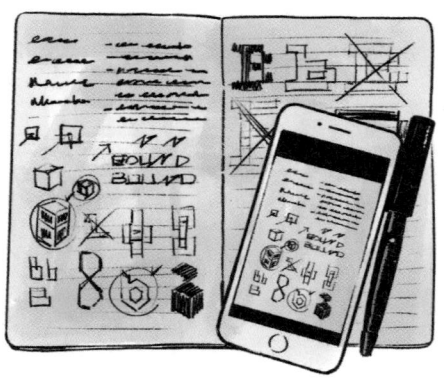

　　몰스킨은 스마트 시대에 맞춰 특수 다이어리인 '스마트 라이팅 시스템(Smart Writing System)[26]'을 출시했다. 이 노트는 전용 펜을 이용해 메모를 하게 되면 스마트 기기나 태블릿 PC에 자동적으로 저장되는 시스템이다. 노트에는 필기 자동 인식 센서가 부착되어 있고 펜에는 블루투스 기능이 탑재되어 노트에 작성한 내용을 텍스트로 변환하거나, 다른 사용자와 공유할 수 있는 몰스킨 플로우 앱을 개발했다. 30개 이상의 언어를 인식하며, 태그를 활용하여 기록한 노트를 디지털 기기에서 정리하거나 검색 가능하며, 오디오 녹음도 가능하다. 이 앱은 2019년 애플 디자인 어워드 디자인 및 혁신 부문에서 우수상을 수상한 바 있다. '스마트 라이팅 세트(Smart Writing Set)'는 2차원의 종이와 3차원의 디지털 시스템의 유기적 기술을 통한 새로운 경험을 만들어 냈다. 누구나 반짝이는 아이디어와 아이템을 몰스킨 종이에 적고 애플리케이션으로 전송하면 스마트폰으로 편집할 수 있다.

26　스마트 라이팅 시스템(Smart Writing System): 펜의 동작 센서가 쓰는 사람의 위치와 움직임을 기록하고, 이것이 각 페이지의 디지털 이미지로 전환되어 스마트폰이나 태블릿 PC로 자동 저장된다. 노트북 페이지 하단 왼쪽 모서리에 있는 아이콘을 펜촉으로 누르면 녹음이 가능하며, 오른쪽 모서리에는 별표 표시(Starring), 플래깅(Flaggin), 태깅(Tagging) 등을 할 수 있는 아이콘들이 있다. 스마트 펜은 마이크로 USB 케이블을 이용하여 충전한다.

몰스킨의 존재적 가치

 손 노트의 따뜻한 감성과 개인적인 가치는 디지털 기기로는 대체할 수 없는 특별한 매력을 가지고 있다. 문화와 예술에 남다른 애정으로 몰스킨은 오늘도 세계적인 기업과 예술가를 비롯한 크리에이티브 영역의 다양한 스페셜 에디션을 만들고 있다. 출판, 공연, 문학, 영화, 사진, 여행 등 예술 문화에 관련된 다양한 프로젝트를 진행하면서, 단순히 기록하고 메모하는 소모품이 아닌 기억의 저장소, 나만의 역사를 만드는 그 이상의 가치를 만들어 가고 있다. 누군가에겐 하루를 정리하는 일기장으로, 내일의 계획을 세우는 이에게는 플래너로, 시인에게는 자유로운 시집으로, 화가에게는 특별한 영감을 떠올리게 하는 드로잉북으로 저마다의 모습으로 탄생한다.

 디지털 시대에 정보는 손쉽게 얻을 수 있고, 다양한 기술을 통해 끊임없이 연결되어 있다. 손으로 쓰는 노트는 매우 믿을 만한 기억의 도구다. 인터넷 연결이 끊기고 전기가 단절되어도 주위의 다른 기술적 결함이 불안정해도 상관없다. 과거 속으로 사라질 수도 있었던 전통의 기술을 복원하며, 디지털과의 만남을 통해 시대를 통찰하는 제품으로 거듭나고 있는 몰스킨을 보면서 빈 노트에 불과하지만 사용자의 쓰임에 따라 새로운 세상을 만들어내는 존재적 가치의 참 의미를 떠올려본다.

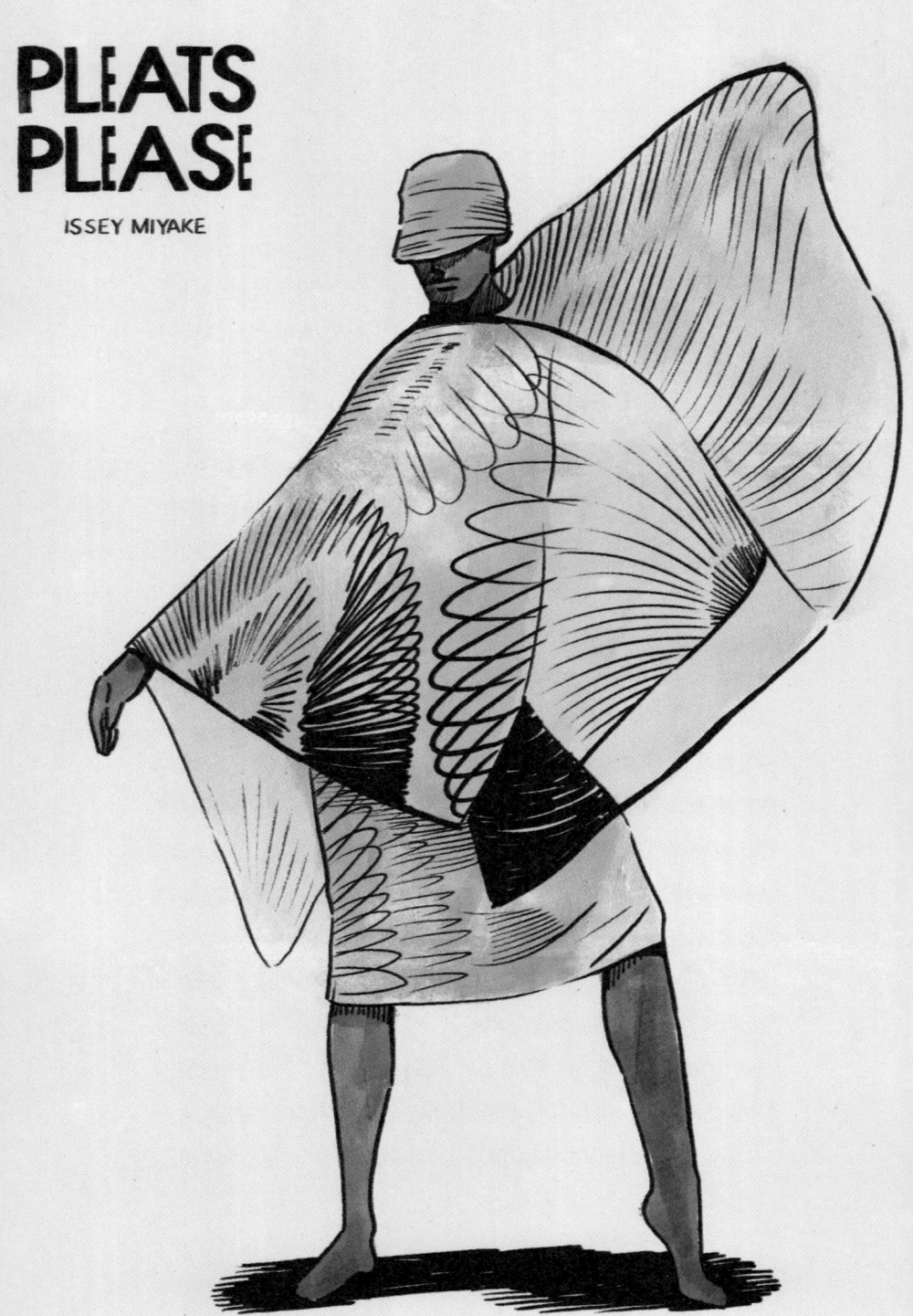

오리가미에서 패션으로
이세이 미야케

최근 복고 트렌드의 영향으로 주름치마의 인기가 다시 부상하고 있다. 나이 들어 보이는 옷으로 간주되던 주름치마는, 이제 시크하고 세련된 스타일로 패션 커뮤니티를 뜨겁게 달구고 있다. 특히, 얼마 전에 타계한 일본 디자이너 이세이 미야케(Issey Miyake)의 '플리츠 플리즈(Pleats Please)' 컬렉션은 이러한 주름치마의 부활에 큰 영향을 미쳤다. 그는 주름 하나로 승부했다. 지퍼나 다트 없이 오직 주름만으로 만든 옷, '플리츠 플리즈'는 이세이 미야케의 가장 상업적으로 성공한 컬렉션이다. 가볍고 편안한 소재로 주름을 잡아낸 이 옷은 입는 사람의 체형에 따라 고유한 형태가 살아나는 것이 특징이며, 단순하면서 모던한 디자인에 우아함을 결합한 보기 드문 조합이다. 주름치마는 몸매가 잘 드러나지 않지만, 독특한 실루엣과 편안함을 제공하여 젊은 여성들과 남성들 모두에게 큰 인기를 끌고 있다.

지금은 고인이 된 애플의 창시자 스티브 잡스의 '시그니처 룩'으로 잘 알려진 청바지에 검은색 터틀넥, 애플의 새로운 제품 출시 때면 어김없이 그의 모습은 전 세계에 생중계되었다. 언젠가 스티브 잡스가 일본의 소니를 방문하게 되었고, 당시 직원들이 입고 있던 유니폼에 깊은 인상을 받았다. 그는 애플 직원들도 유니폼을 통해 결속과 단합을 이루길 원했지만, 직원들의 반대로 무산되었다. 하지만 잡스는 자신만을 위한 특별한 옷을 이세이 미야케에게 주문했고, 그 결과 탄생한 것이 바로 검은색 터틀넥 스웨터이다. 이 옷은 이후 잡스의 트레이드마크가 되었고, 같은 디자인의 터틀넥을 백 벌 가까이 소유하게 되었다는 전설적인 이야기로 남게 되었다.

파괴되는 것이 아닌 창조적이고 아름다운 것

일본의 패션을 세계시장에 첫선을 보인 이세이 미야케는 1938년 일본 히로시마에서 태어났다. 본래 이름은 '미야케 이세이(三宅一生)'였으며, 서양식 이름으로 성과 이름의 순서를 바꿔 '이세이 미야케'가 되었다. 어린 시절, 그는 원자폭탄의 참혹한 파괴 속에서 자라났고, 그 후유증으로 어머니를 잃었다. 이러한 경험은 그에게 큰 영향을 미쳤으며, "파괴되는 것이 아닌 창조적이고 아름다운 것이 기쁨을 가져다준다"는 디자인 신념을 갖게 된다. 그는 일본 타마예술대학을 졸업한 후, 패션의 중심지 파리로 건너갔다. 기라로쉬와 지방시 밑에서 보조 디자이너로 일하며 유럽의 패션 트렌드를 접하게 된다. 하지만 유럽 문화에 충격을 받게 되었고, 패션 디자인에 근본적인 회의를 갖게 된다. 색채와 디자인 감각에 나름대로 자부심이 있었던 그였지만 프랑스 디자이너들의 탁월한 조형성과 대중의 예술적 이해력에서 넘을 수 없는 한계에 부딪혔다. 견고하게 쌓인 그들만의 패션 왕국에서 동양인이 치고 들어갈 수 있는 빈틈이 없었고, 그는 과감하게 귀국을 결정했다. 그들보다 더 나은 것을 찾기보다 그들과 다른 것을 찾아야 한다고 결심하면서 자연스럽게 일본의 전통문화로 눈을 돌리게 된다.

일본으로 귀국한 그는 '미야케디자인스튜디오'(MDS)를 설립하고, 일본의 전통의상인 기모노를 비롯하여 일본의 전통 소재와 염료, 색채 등을 연구하며 패션 디자인에 새바람을 일으키기 시작했다. 전통적이며 다양한 소재들을 사용하고 형의 단순성을 강조하는 새로운 디자인으로 뉴욕에서 첫 패션쇼를 열고, 파리에서 컬렉션을 발표하는 등 일본 패션 브랜드 중 최초로 파리에 진출하였다. 아시아 최초로 패션지 '엘르'의 표지를 장식하고, '동양 디자인'의 대명사로 불리게 된다. 나아가 건축, 과학, 환경 등 다양한 분야의 전문가들과 협업하며, '모든 신체에 잘 어울리고 성별을 불문하며 남녀노소 착용할 수 있는 첨단 옷' 제작을 위해 끊임없이 고민했다.

70년대를 기점으로 일본은 국가 브랜드 이미지를 첨단 기술과 높은 품질로 전환하기 시작했다. 이는 일본의 경제 성장과 함께 이루어진 전략적 변화였으며, 패션 산업도 이러한 변화에 발맞췄다. 일본 패션은 점차적으로 명품 브랜드로 자리매김하며, 전 세계적으로 주목받게 되었다. 특히 20세기에 들어서면서 일본의 예술, 전통공예, 복식은 유럽 문화에 큰 영향을 미쳤다. 파리와 밀라노 같은 패션의 중심지에서도 일본 디자이너들이 큰 주목을 받기 시작했다. 이들은 일본의 전통을 현대적으로 재해석하며, 유럽의 패션계에 신선한 충격을 주었다. 미야케를 비롯한 하나에 모리(Hanae Mori), 다카다 겐조(Dakada Kenzo), 레이 가와쿠보(Rei Kawakubo) 등 다양한 일본 디자이너들이 유럽에 진출하며 그들의 활동 무대를 넓혀갔다.

일본 디자이너의 유럽 진출

- '하나에 모리'는 일본 여성 최초로 파리 오트쿠튀르에 초대받은 디자이너로, 그녀의 작업은 일본의 전통의상인 기모노와 서양식 드레스를 결합한 것이 특징이다. 수십 년 동안 '나비부인'으로 불렸던 하나에 모리가 디자인했던 럭셔리 수공예 작품들은 낸시 레이건, 그레이스 켈리 등을 비롯한 수많은 상류층 소비자들이 착용했다. 그녀의 디자인은 우아하면서도 독창적인 스타일로, 유럽과 미국에서 큰 인기를 끌었다. 하나에 모리는 동서양의 문화를 조화롭게 융합한 디자인으로 글로벌 패션계에서 중요한 위치를 차지했다.

- '다카다 겐조'가 창립한 브랜드 겐조(Kenzo)는 화려하고 다채로운 패턴과 색상을 사용한 디자인이 대표적이다. 그의 작품은 일본의 전통적인 요소를 현대적인 감각으로 재해석하였으며, 겐조만의 대담하고 특이한 패턴이 그의 성공 요인이었다. 당시 하이엔드 패션에선 거의 사용되지 않았던 원단인 목화 소재, 루즈핏 소매와 블라우스를 디자인해 기모노 슬리브(Kimono Sleeve)라는 새로운 패션 용어를 탄생시키기도 했다. 그는 파리에서 활동하며, 유럽 패션계에 일본의 독창적인 미학을 소개했다. 그의 브랜드는 전 세계적으로 사랑받는 명품 브랜드로 성장했다.

- '레이 가와쿠보'는 꼼데가르송(Comme des Garçons) 브랜드의 창립자다. 일본의 사무라이 정신과 복식을 서양에 직접적으로 소개한 디자이너로서 1974년 파리에 진출해 일본풍을 기본으로 서양의 느낌을 잘 조화시킨 의상들을 선보였다. 그녀의 디자인은 기존의 패션 규범을 파괴하는 혁신적인 스타일로 유명했다. 그녀는 비대칭적이고 독특한 실루엣, 그리고 해체주의적인 접근 방식을 통해 패션계를 선도했다. 그녀의 옷은 입는다기보다는 걸친다는 느낌으로 솔기나 주름 등에 구애받지 않는다. 완성되지 않은 헴라인, 풀어 헤쳐진 솔기, 찢기거나 조각난 천들을 두르거나 휘감는 스타일로 세련되면서도 자유로운 분위기를 연출한다. 이러한 레이 가와쿠보의 작품은 파리 패션위크에서 큰 주목을 받았으며, 현대 패션계에 지대한 영향을 미쳤다.

나는 옷의 절반만 만든다.
사람들이 내 옷을 입고 움직였을 때
비로소 내 옷이 완성된다

이세이 미야케는 일본 전통 철학과 미적 사상인 '마(間)'의 개념을 중요시했다. '마'는 공간과 시간, 틈(Space)과 때(Time), 문(門)과 해(日)가 합쳐진 개념으로, 해가 비출 때 문틈 사이의 공간을 형상화한 것이다. 이는 단순한 공간이나 시간을 넘어, 존재와 존재 사이에 숨 쉬는 역동적인 공간을 강조하며 고정된 형태를 거부하고, 무한한 가능성을 열어주는 창조의 여지를 둔다. '마' 사상은 일본인의 삶 속에도 깊숙이 배어 있으며, 일상을 넘어 일본의 예술 분야의 미적 요소에도 뿌리 깊게 새겨져 있다. 창의적인 관점에서 '마'의 개념은 논리적인 전개나 수치적 결과의 천편일률적인 해답보다 각각의 해석 방법으로 창조된 결과물을 더 중시하는 정신을 의미한다. 이는 미야케가 디자인 철학을 형성하는 데 중요한 역할을 했다. 그는 '마'의 개념을 통해 혁신과 창의성을 강조하며 편견과 차별이 없는 옷을 만들었다. 이러한 철학은 그가 전통과 현대를 결합하여 독창적인 디자인을 창조하는 데 큰 영향을 미쳤다.

주름의 미학

그는 자신만의 독특한 취향과 동양적 미학을 과감하게 선보이며, 일본의 고유한 스타일을 세계시장에 소개했다. 그는 문화, 예술, 패션의 영역을 확대하며 글로벌 디자이너로 활약했다. 미야케는 가장 일본다운 전통 예술과 가장 현대적인 서구 패션을 잘 결합한 인물로, 전통적인 소재와 형태의 단순성을 연구해 왔다. 특히, 일상에서 편하게 입을 수 있는 옷을 만들어야 한다는 그의 신념은 일본 고유의 기모노에서 영감을 받아, 실용적이면서도 아름다운 옷을 만들게 되었다. 이러한 미야케의 노력과 연구의 핵심은 바로 '주름'에 있다. 옷을 입으면 자연스럽게 구김이 생기기 마련이다. 구김은 의상에 있어서 해결이 어려운 요소다. 하지만 그는 역으로 구김의 기능과 미학에 초점을 맞춰 '플리츠 플리즈' 브랜드를 탄생시켰다.

서양의 관점에서 옷이란 입는 사람의 신체 크기에 따라 일정한 비율과 크기를 지닌다. 개개인의 신체 크기를 몇 개의 영역으로 나누고, 그 영역에서 사람의 몸을 끼워 맞추는 형식이다. 그 구조 역시 신체 구조를 정형화해 신체의 각 부분에 적합한 의상 형태로 조합한다. 우리 몸이 입체로 되어 있듯 서양의 의상도 입체적인 구조를 지닌다. 반면에 일본 전통의상인 기모노는 단순한 평면적 구조를 지닌다. 게다가 그 구조는 한 장의 천으로 구성된다. "나는 늘 한 장의 천으로 돌아간다. 그것이 옷의 가장 기본적인 형태이기 때문이다"라는 유명한 말과 함께, 그는 일본의 전통 복식인 기모노를 현대화시켜 전 세계적으로 대중화시킨 장본인이기도 하다. 기모노는 한 장의 천을 신체에 걸치면 남은 부분을 무리하게 자르지 않고 그 자체로 공간이 생기면서 그대로 늘어지게 하는 형태의 의복이다. 또 기모노는 입는 사람이 뚱뚱하던 말랐던, 키가 크든 작든 간에 어떤 몸에도 두루두루 잘 어울린다. 입는 사람의 신체에 적응하려면 그 형상은 무한한 적응력과 유연성을 지닐 수밖에 없는 특징을 갖는다. 한 장의 옷감으로 이루어져 있어, 입는 사람의 신체적 특성에 따라 유연하고 자연스럽게 변형될 수 있다는 점, 이것이 기모노와 플리츠 플리즈의 닮은 점이며, 미야케의 옷에 대한 철학이다.

플리츠는 이세이 미야케 이전에도 존재했지만, 그의 플리츠는 기존 방식과는 다르다. 과거에는 소재를 재단하여 봉제하기 전에 주름을 잡았으나, 미야케는 그와 반대로 옷을 정 사이즈의 2~3배 크게 재단하고 완성된 형태에서 주름을 잡는 방식을 택했다. 이를 통해 두 장의 천은 프레스를 통과하며 한 몸으로 일체화되고 영구적인 주름을 갖게 된다. 이 방식은 몸에 딱 맞지는 않지만, 여유로운 핏으로 인체의 윤곽을 자연스럽고 우아하게 표현해준다. 이는 신체와 의복 사이에 공간을 부여하여 자연과 소통하려는 의도를 반영하며, 옷을 통해 신체의 존재를 새롭게 변형시키고 입체적 조형성을 극대화한다.

디자인은 철학을 위한 것이 아니라 생명을 위한 것이다

미야케는 솔기나 여밈이 없는 단순한 정사각형의 한 장 천에 소매를 추가한 본질적인 의복을 디자인했다. 바느질 선 없이 하나의 천으로 입체적인 형태미를 강조하며 한 벌의 옷을 만들고자 한 그의 의지는 일본의 전통 수제 종이인 아부라가미[27](유지;油紙)로 만든 드레스에서 단연 돋보인다. 접으면 한 장의 보자기가 되고, 보자기의 끝을 잡고 올리면 한 벌의 옷이 완성되는 트랜스포머 콘셉트로, 전통공예 오리가미를 예술로 승화한 최고의 걸작이다. 이러한 디자인은 단순한 주름을 넘어서, 착용자와의 상호작용을 통해 끊임없이 변형되고 새로운 형태를 만들어내는 창조적 작품으로 평가받는다.

---

27 아부라가미[유지(油紙)]: 기름을 먹인 종이로 방수가 가능하다.

    그는 서양의 현대적인 의복 트렌드에 따르는 패션보다 수공예적 근원에서 답을 찾았다. 공예적인 요소를 표현하는 다양한 기법 중에서 텍스타일 소재를 돋보이게 하는 오리가미(Origami)[28]를 이용한 것이다. 오리가미는 한 장의 종이를 가위나 풀 등 도구를 사용하지 않고, 오로지 접기만으로 조형을 만드는 일본 고유의 전통공예이다. 평면적인 형태의 소재를 입체적으로 변화시키는 과정에서 생성된 선과 면의 분할로 새롭게 변형된 기하학적 이미지의 리듬감은 오리가미만이 가능한 표현이다. 이제는 단순히 종이를 접는 것 이상의 의미로, 패션과 놀이 문화로 발전하여 대중적인 예술 문화로 자리 잡았다.

---

28 오리가미(折り紙, Origami): 일본어로 '접다'라는 동사에서 온 말로, '종이접기'를 뜻한다. 한 장의 종이를 접어 다양한 형태의 모양을 만드는 일본 전통공예이자 놀이를 의미한다.

'132.5컬렉션'은 복식사에서 구조적인 형태의 극단적 변화를 꾀하며, 패션과 예술 사이의 경계를 허물었다. 이 옷에 사용된 재활용 폴리에스테르는 지구 환경과 미래 자원 고갈을 위해 만든 재생섬유다. 이 132.5컬렉션은 오리가미를 패션에 접목한 완전한 브랜드로서, 재단하지 않고 오직 접는 방식으로 한 장의 종이를 옷으로 변신시켰다. 먼저 기모노의 평면적이며 직선적인 조형성을 채용하여, 단순한 형태의 직물을 연결하고, 접고 감고 주름을 만들어 현대적 디자인을 결합해 신체에 맞는 새로운 옷을 창조해 냈다. 이는 장인정신의 집약체로 1장의 천이 입체적 형상의 3차원의 입체 공간이 되고, 다시 평면의 형태인 2차원으로 돌아가 표면화하는 과정을 통해, 마지막으로 누군가에게 돌아가 오브제로 활용됨으로써 시·공간을 초월하는 5차원의 영역으로 확장된다. 옷 한 벌에 이토록 거대한 우주적 질서와 철학적 담론을 내포하고 있음을 어디 짐작이라도 했을까?

플리츠 브랜드 이외에도 국민 백이라 불리는 '바오바오'(Bao Bao) 가방은 그의 구조적 디자인 철학을 극명하게 보여준다. 이 가방은 연령을 불문하고 많은 사람들에게 사랑받으며, 한때 '강남 3초 백'으로 불릴 만큼 엄청난 인기를 끌었다. 바오바오백은 여러 개의 삼각형 유닛이 모여 마치 조각보를 이어 만든 것처럼 보인다. 이러한 디자인은 움직임에 따라 삼각형 유닛이 자유자재로 변형되어, 가방의 형태가 평평한 1차원에서 물건을 담으면 물건의 형태에 따라 2차원의 형태로 무한대로 변할 수 있다. 바오바오백의 디자인은 시선을 끄는 포인트로 작용하며, 패턴화된 삼각형 유닛은 소재의 특성상 가볍고 날렵하며 자유로운 조형성을 지닌다. 이 가방은 해마다 새로운 디자인과 컬렉션으로 인기를 얻고 있으며, 그 특유의 변형 가능성은 사용자에게 다양한 스타일을 제공해 준다.

전통문화와 현대 디자인의 융합

이세이 미야케는 패션의 경계를 허물고 전통적인 요소를 현대적으로 재해석하여, 새로운 패션의 가능성을 열었다. 그의 작업은 개성과 편리함을 추구한다. 소비자가 기성 디자인에 만족하지 않고 개인의 취향과 감성이 반영된 특별함을 추구하는 시대 변화를 민감하게 포착하여, 자신의 작품에 반영했다. 패션을 단순한 외형적 미와 장식의 변화보다는 옷을 입는 사람의 개성과 신체적 특성, 그리고 감각에 맞춰 다양한 선택이 가능하도록 디자인했다. 그래서 그의 디자인은 연령과 성별, 체형에 관계없이 누구나 좋아할 수 있는 스타일이 되었고, 이는 세대를 초월한 인기를 얻는 데 기여했다.

미야케의 작업은 일본의 전통문화를 전 세계에 알리는 동시에, 동서양의 문화적 경계를 허무는 데 일조했다. 미야케의 플리츠는 자연과 인간, 전통과 현대, 기능성과 미학의 조화를 추구하며, 지속 가능한 패션의 미래를 제시한다. 그의 디자인은 단순히 의복이란 개념을 넘어, 동양의 철학을 담아낸 예술작품으로 인정받는다. 기능성과 미학을 동시에 충족시킨 그의 디자인 철학은 앞으로도 많은 영감을 줄 것으로 기대한다.

모카포트의 대명사
비알레티

　내게 없어서는 안 될 기호품을 하나만 고르라 한다면, 단 1초의 망설임 없이 "커피요!"라고 외칠 것이다. 나는 아침에 눈을 뜨자마자 무조건 반사로 커피머신 앞에 서서 커피를 내리며 하루를 시작한다. 잠에서 덜 깬 몽롱한 정신을 깨워줄 수 있는 것은 오직 쓰디쓴 에스프레소 한 잔, 커피 맛은 고약하지만 내게는 보약과도 같다.

　나의 에스프레소 사랑은 대학 시절로 거슬러 올라간다. 당시 나는 1학년 새내기였고, 이탈리아 유학을 다녀온 선배의 자취방을 우연히 들렀다. 선배의 방에는 신기한 물건들로 가득했다. 빨간색 타자기, 진공관 앰프 등 마치 오래된 골동품 가게 같았다. 선배는 이탈리아 커피 맛의 진수를 보여주겠다며 작디작은 주전자에 물을 넣고 검게 볶은 커피콩을 갈아 넣었다. 얼마 지나지 않아 물이 끓어오르며 '푹~ 푹~' 소리와 함께 고소한 커피 향이 코끝을 자극했다. 선배가 내민 커피 잔은 귀엽고 앙증맞아 마시기 아까울 정도였다. 솔직히 소주 한 잔보다 적은 양의 커피를 어떻게 마셔야 할지 몹시 난처했다. 커피 2, 설탕 2, 프림 3의 다방 커피 맛에 길들여져 있던 내게 에스프레소는 문화적, 미각적 충격이었다. 원샷으로 마신 에스프레소는 비록 한 모금이었지만, 그 잔향은 한참 동안 입안에 머물렀다.

커피의 발견은 6~7세기경 아프리카 에티오피아에서 시작되었다고 전해진다. 당시 목동들은 염소들이 커피나무에 열린 빨간 열매를 먹고 흥분하여 뛰어다니는 것을 목격했다. 호기심에 열매를 직접 먹어보니 머리가 맑아지고 피로가 사라지는 효과를 경험했다. 그 뒤로 커피는 각성제로 사용되기 시작했다. 당시 에티오피아에서는 농부들이 커피 열매를 끓여 죽처럼 먹었다. 9세기 즈음에는 아라비아반도로 전해져 이집트와 터키 등지로 퍼져 나갔다. 유럽에 커피가 처음 전파된 것은 르네상스 시대라고 한다. 초기에는 상류층만이 즐기는 고급 음료였지만, 19세기에 들어서며 브라질, 남미 등에서 커피 생산이 대량으로 시작되고 널리 보급되었다. 이후 유럽 전역에 커피 붐이 일어났고, 카페마다 커피를 마시려는 사람들로 북적였다. 오늘날 커피는 누구나 평상시 즐겨 마시는 대중화된 기호품으로 전 세계인의 일상이 되었다.

한국에서는 고종 황제가 1896년 아관파천으로 러시아 공관에 머무를 때 처음 커피를 접하게 되었고, 이후 커피 애호가가 되었다고 한다. 1902년 러시아 공사 베베르(Karl Waeber)의 처형인 손탁이 서울에 손탁 호텔(Sontag Hotel)을 세우고 우리나라 최초의 다방을 열었다. 이후 한국전쟁을 계기로 미군을 통해 커피가 일반인들에게도 알려지게 되면서, 한국에서도 커피가 널리 보급되고 인기를 얻게 되었다.

커피 생산 환경

　대부분의 사람들은 커피가 아프리카 대륙이나 남미 등지에서 생산되므로 뜨거운 태양 아래서 잘 자랄 것이라고 생각하지만, 사실 커피는 쾌적한 환경에서 잘 자란다. 커피 재배는 대개 북위 25도에서 남위 25도 사이의 '커피 존' 또는 '커피 벨트'라 불리는 곳에서 이루어진다. 이 지역은 서리가 내리지 않고, 평균 기온이 약 20도로 연간 기온 차가 거의 없다. 강우량은 평균 1,500~1,600mm 정도인 적도 부근에서 많이 재배된다. 생두의 종류는 다양하지만, 현재 대규모 상업적으로 재배되는 품종으로는 아라비카(Arabica)와 로부스타(Robusta)가 전체 커피 품종의 95%를 차지한다. 커피의 시장 점유율을 보면, 브라질, 콜롬비아, 과테말라 등의 중남미가 세계 시장의 약 40%로, 케냐, 에티오피아, 예멘 등 아프리카의 약 20개국이 합쳐 거의 60% 이상을 공급한다.

　커피를 구분할 때 추출 방식에 따라 나눈다. 대표적인 추출 방식으로는 드립 커피, 더치 커피, 에스프레소 등이 있다. 드립 커피는 볶은 원두를 갈아서 필터에 올리고 뜨거운 물을 부어 내려먹는 방식이다. 더치 커피는 드립 커피와 비슷하지만 차가운 물을 사용해 오랜 시간 동안 추출하여 만든 커피다. 에스프레소는 미세하게 분쇄한 커피 가루를 고온 고압에서 단시간에 고농축으로 추출한 커피다. 각 나라마다 전통적으로 마시는 방법이 조금씩 다르다.

다채로운 풍미를 선사하는 커피

세계에서 가장 오래된 커피 추출법으로 알려진 튀르키예식 커피는 고전적인 추출 방법으로, 분쇄한 원두커피를 끓이고 가라앉힌 후 마시는 방식이다. 진한 맛을 내기 위해 원두를 최대한 곱게 갈아야 커피 본연의 진하고 그윽한 향을 얻을 수 있다. 별도의 여과지 없이 물과 함께 끓이기 때문에 강한 바디감을 느낄 수 있지만, 커피 찌꺼기가 생길 수 있다는 단점이 있다. 마실 때는 설탕, 향신료를 넣고 마시거나, 버터나 소금을 입에 머금고 마신다.

독일식 필터 커피는 지금의 드립 커피의 전신으로, 중력의 원리를 이용해 커피 가루에 뜨거운 물을 천천히 부어 추출하는 필터 방식이다. 이 과정을 통해 천천히 커피가 필터를 통과하므로 고유의 맛과 향을 잃지 않아, 커피의 순수한 맛을 가장 잘 느낄 수 있는 방법 중 하나이다. 커피 거름통, 커피 주전자, 펠트 천을 덧댄 덮개가 한 세트로 구성되어 있다. 유리로 만든 커피 통 안에는 원추형 종이 필터를 끼워 사용할 수 있게 되어 있다. 기능 중심으로 만들어진 디자인답게 절제의 아름다움이 잘 드러난다. 과거 독일 가정에서는 대부분 이 주전자를 통해 걸러진 커피를 마시곤 했다.

이와 반면에 이탈리아인들은 고온 고압에서 커피를 추출하는 에스프레소를 즐겨왔다. 에스프레소의 의미는 '빠르다'는 뜻의 Express와 '압축하다'라는 뜻의 Press가 결합된 단어로, 빠르게 압축하여 추출하는 커피를 말한다. 에스프레소는 원두의 순수하고 진한 맛을 그대로 전달하기에 '커피의 심장' 혹은 '커피의 영혼'이라고 불린다. 순수하고 진한 맛을 위해 이탈리아에서는 대부분 모든 가정에서 모카포트가 생활필수품으로 자리하고 있다. 이러한 전통에 알루미늄 주전자인 '모카 익스프레스(Moka Express)'를 만든 알폰소 비알레티(Alfonso Bialetti)의 역할이 컸다.

이탈리아 디자인의 아이콘

알폰소 비알레티는 프랑스의 알루미늄 공방에서 일하며 10년 동안 기술을 익혔다. 이후 고향인 이탈리아로 돌아와 1919년 비알레티의 전신인 금속 공방을 세우고, 알루미늄으로 된 주방용품을 만들기 시작했다. 그러던 중 1933년, 그는 이탈리아의 모든 가정에서 일반적으로 마시던 커피를 보다 맛있고 간단하게 마실 수 있는 '모카 익스프레스'를 발명하게 된다. 그는 우연히 '삶는 세탁기'의 원리에서 아이디어를 얻었다. 세탁기 내부에 파이프가 있어 온도가 오르면 증기압이 발생하게 되고, 바닥의 비눗물을 위로 끌어올려 세탁물을 위로 뿜어 올리는 방식에서 착안해 커피 추출 방법을 고안해냈다. 이것이 지금의 모카 포트 원리로, 가열된 물에서 발생하는 수증기의 압력을 이용해 커피를 추출한다.

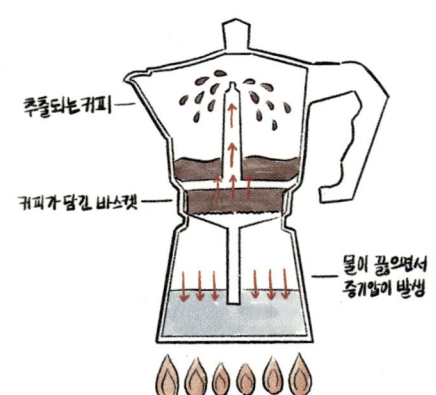

복잡하지 않으면서도
편리하고 장식적인
요소 표현

모카 익스프레스는 당시 유럽 전역에서 유행하던 아르데코풍 디자인으로 팔각 장식을 위, 아래 대칭적으로 배치하고, 중앙의 연결 나사를 양쪽으로 잡아 쉽게 열고 닫을 수 있게 설계되었다. 이는 기능성을 중시하면서도 심미성을 고려한 전형적인 이탈리아식 디자인이다. 복잡하지 않으면서도 편리하고 장식적인 요소를 함께 표현했다. 금속으로 된 몸체와 전형적인 커피포트의 간결하고 클래식한 디자인 덕분에 어디서도 쉽게 모카포트임을 알아볼 수 있다. 모카 익스프레스는 100년 가까이 이어오며 21세기 지금도 여전히 사랑받고 있다. 세계 기네스북에 오르고, 디자인 관련 서적에도 단골 메뉴로 인용되고 있는 걸 보면 모카포트가 만들어진 이후, 세계에서 가장 유명한 커피포트라고 해도 과언이 아니다.

전 세계 커피 전문점에 소비되는 메뉴의 90%가 에스프레소를 기본으로 만들어진다. 수백수천만 원하는 비싼 에스프레소 머신을 집에 설치할 수는 없고, 사용도 편하고 가격도 착한 에스프레소를 즐기고자 한다면 모카포트를 권한다. 간단하면서도 맛과 향을 제대로 즐길 수 있는 비알레티의 모카 익스프레스는 열전도율이 높은 알루미늄 소재를 사용하여 만들어졌다. 알루미늄은 빠르게 열을 전달해 커피를 균일하게 추출하는 데 도움이 된다. 최근에는 스테인리스 스틸과 세라믹 재질 등 다양한 상품으로 소개되고 있어, 개인의 취향과 필요에 맞게 선택할 수 있다. 스테인리스 스틸은 내구성이 높고 청소가 용이하며, 세라믹은 뛰어난 보온성과 독특한 디자인을 제공하여 커피 추출 도구로서의 기능성을 더욱 높여준다.

모카포트로 맛있는 커피 추출하기

모카포트는 사용하기 쉽고 간편하면서도 에스프레소 머신만큼 맛있는 커피를 추출할 수 있는 훌륭한 도구다. 몇 가지 간단한 단계만 거치면 집에서도 간편하게 카페 품질의 커피를 즐길 수 있다. 먼저 몇 잔의 커피를 추출할지 정하고 모카포트를 준비한다. 그리고 포트를 얹을 사발이 필요하다. 특히 1인용 포트는 마치 소꿉놀이용 조그만 주전자 사이즈라 포트를 그냥 가스레인지 위에 올리면 하단부가 너무 작아 고정되지 않는다. 이렇게 포트를 준비하고 나면 커피콩을 그라인더에 넣고 갈아준다. 포트에 담을 커피는 에스프레소를 추출해야 하므로 얇고 미세하게 분쇄하는 게 좋다.

에스프레소의 맛과 풍미는
원두의 굵기와 양, 압력,
떨어지는 속도 등에 따라
달라진다

모카포트를 세 부분으로 분리한다. 하단부(물통), 중간부(바스켓), 상단부(커피포트)로 구성되어 있다. 먼저 하단부에 찬물을 압력 밸브 바로 아래까지 채운다. 이때 주의사항은 뜨거운 물을 사용하면 안 된다. 원두를 에스프레소 추출에 적합한 굵기로 갈아준다. 굵기가 너무 굵으면 물이 빠르게 흐르고 커피가 약하게 추출되고, 너무 고우면 물이 통과하지 못하고 과도하게 추출된다. 그리고 중간부의 바스켓에 곱게 갈아 둔 커피를 담고 꼭꼭 눌러 준다. 너무 많이 넣으면 물이 넘칠 수 있고, 너무 적게 넣으면 커피가 떫게 추출될 수 있다. 이렇게 커피를 담고 모카포트를 조립한 뒤, 사발 위에 모카포트를 올리고 가스레인지 또는 전기레인지를 중간 정도 불로 켠다. 이때 1~2인용 작은 모카포트는 불이 너무 세면 손잡이가 녹을 수 있으니 주의해야 한다. 물이 끓으면 압력에 의해 아래의 물이 필터를 거쳐 상단부에 커피를 추출하게 된다. 추출과정은 약 3~4분 정도 소요된다.

에스프레소의 맛과 풍미는 원두의 굵기와 양, 압력 그리고 떨어지는 속도 등에 따라 달라진다. 에스프레소를 추출하면 크레마(Crema)라는 갈색 거품이 생긴다. 이는 원두에 함유된 커피 기름 성분이 수증기에 노출되면서 표면 위로 떠오르는 것이다. 이 크레마는 원두의 신선함과 향을 담고 있으며, 거품의 정도에 따라 에스프레소가 잘 추출되었는지 알 수 있다.

향긋한 예술과 전통의 만남

100년이라는 오랜 역사를 가진 비알레티는 전통을 지키면서도 끊임없이 새로움을 추구한다. 엄격한 기능과 기술, 뛰어난 신뢰성, 현대적인 디자인, 그리고 우수한 품질은 비알레티 제품의 가장 큰 장점이다. 특히, 완벽한 커피 추출을 위해 고온에서의 압력과 펌프 기술 개발에 꾸준히 노력하고 있으며, 최근에는 지속 가능성을 위해 전력 소비 최소화에도 힘쓰고 있다.

비알레티는 단순히 모카포트를 만드는 회사가 아니다. 오랜 세월 동안 지켜온 커피의 향, 색깔, 맛을 내기 위해 전통 기술과 가치를 추구하며 커피 문화 혁명을 이끌어왔다. 비알레티 모카포트는 커피를 추출하는 주전자에 불과하지만 그 자체가 전통과 혁신이 만난 문화적 상징으로, 전 세계적으로 커피를 확산시키는 데 큰 역할을 했다. 또한, 독창적이고 혁신적인 디자인은 커피를 즐기는 방식을 한 단계 더 업그레이드했다. 에스프레소 한 잔의 매력은 단순히 쓴맛을 넘어 향으로 전해지는 예술에 있다. 에스프레소의 풍부한 향은 코끝을 스치며 온몸을 감싸고, 그 순간 우리는 세상과의 소통을 경험하게 된다. 자동화된 에스프레소 머신이 보편화된 오늘날에도 많은 사람들이 비알레티 모카포트를 찾는 이유는 바로 이 향긋한 매력 때문이다.

공방에서 시작되는 명품의 힘
샤넬

    샤넬 패션쇼는 예술과 패션이 완벽하게 조화된 융합의 장이자 시대를 관통하는 문화적 현상이다. 매 시즌 파리 그랑팔레에서 펼쳐지는 샤넬 쇼는 새로운 소재와 테마를 통해 패션의 경계를 허물고, 관객들에게 잊지 못할 감동을 선사한다. 샤넬 오트쿠튀르[29]는 특별히 제작된 값비싼 소재와 최고의 프랑스 수공예 장인들에 의해 제작된다. 새로운 맞춤 창작 의상을 발표하며, 전 세계 패션의 유행 방향을 결정짓는 중요한 역할을 한다. 전통적인 장인정신을 계승하는 샤넬의 패션쇼는 패션의 오랜 전통이 소멸되어 가는 시기에 근엄하고 당당하게 샤넬의 위상을 확립하는 데 중요한 역할을 했다. 공방의 숙련된 장인들은 가죽을 재단하고, 트위드를 짜고, 핸드백을 완성하는 등 정교한 작업을 통해 샤넬 제품의 품질을 보장한다. 이는 샤넬이 단순한 패션 브랜드가 아닌, 예술과 장인정신이 결합된 명품브랜드로서의 가치를 더욱 품위 있게 유지 시켜준다. 고급스럽고 우아한 샤넬의 의상과 수공예 장식은 전체적인 스타일을 완성하며, 샤넬 공방의 솜씨로 화려한 부활을 가져왔다.

---

29 오트쿠튀르(Haute Couture): 고급 여성 맞춤복으로, 계절에 앞서 미리 맞춤 창작 의상을 발표하면, 이것이 전 세계 패션의 유행 방향을 결정하는 지표가 된다. 일반적으로 프랑스의 전통적인 장인정신을 계승하는 패션쇼를 지칭한다.

시대를 초월하는 우아함, 샤넬의 심장

검은색 드레스에 진주 목걸이를 두른 '가브리엘 코코 샤넬(Gabrielle Bonheur Chanel)'은 패션의 아이콘으로, 그녀의 자신감 넘치는 모습은 브랜드 정신을 대변한다. 코코 샤넬은 1883년 프랑스의 가난한 가정에서 태어났다. 그녀의 아버지는 가족을 떠났고, 어머니는 그녀가 열두 살 때 병으로 사망했다. 오갈 데 없었던 코코 샤넬은 수도원에 맡겨졌고, 그곳에서 바느질을 배웠다. 이 경험은 그녀의 삶에 큰 영향을 미쳤고, 나중에 패션 산업에 뛰어들게 되는 계기가 되었다. 수도원을 나온 샤넬은 봉제공장에서 일하다가 한때 가수로 활동하기도 했으나, 그녀의 진정한 열정은 패션이었다. 1910년, 파리에 모자 가게를 열었고, 그녀는 큰 성공을 거두었다. 이후 의류 사업을 확장하며 프랑스 상류층이 모이는 휴양지에 매장을 열고, 마침내 파리 한복판에 여성복 위주의 부티크를 오픈하게 되었다.

샤넬이 본격적으로 인지도를 얻게 된 시기는 제1차 세계대전 이후였다. 당시는 여성들의 노동력이 필요했던 시기였고, 과하게 부풀려진 화려한 여성복은 일하기에 불편했다. 시대와 어울리지 않는 복장 대신, 단순하고 실용적인 스타일로 시대적 요구에 맞춰 혁신적인 디자인을 선보였다. 그녀는 남성 속옷에 주로 사용되던 신축성 좋은 저지를 활용해 여성 정장을 만들었다. 온몸을 죄는 코르셋을 버리고, 편안하게 입고 벗을 수 있는 디자인을 채택했다. 또 발까지 늘어뜨린 긴치마에서 지금의 샤넬라인 원피스를 만들었다. 이 디자인은 당시로는 매우 파격이었지만 여성들에게 새로운 자유를 선사하게 되었고, 오늘날 편안하고 실용적인 여성복의 표본이 되었다.

여성들의 가슴을 뛰게 하는 로고, 샤넬

당시 보석은 부나 명성, 가문을 상징하는 의미로서 대부분의 여성들은 고가의 원석을 활용해 몸을 치장하곤 했다. 그러나 샤넬은 이를 못마땅하게 생각했고, 1924년 모조로 만든 코스튬 주얼리를 출시했다. 이 진주 목걸이는 합리적인 가격과 실용적인 소재로 만들어져 대중들에게 큰 인기를 끌었으며, 인조 보석으로도 충분히 아름다움을 표현할 수 있다고 인식을 바꿔놓았다. 당시로는 매우 새로운 아이디어였고, 대량소비시대에서 쏟아지는 상품군과 빠르게 트렌드가 바뀌는 패션 시장에서 자연스러운 현상이 되었다.

> 복제가 많다는 건
> 디자이너로서
> 그 가치를 인정받는 것

샤넬 디자인의 혁신은 1926년 발표한 '리틀 블랙 드레스'에서도 찾을 수 있다. 당시 검은색의 의상은 대부분 장례식의 상복으로 여겼던 지라 금기하는 색상이었다. 그러나 샤넬은 여성복에서 사용하지 않던 이 블랙 컬러를 파격적으로 활용해 최고급 여성복에 도입했다. 그리고 블랙과 화이트만으로 여성의 아름다움과 우아함을 표현했다. 단순하고 심플한 디자인은 레이스와 액세서리를 이용해 약간의 포인트와 변화를 주었다. 이 블랙과 화이트의 조합은 오늘날 샤넬의 대표적인 시그니처 컬러가 되었다. 리틀 블랙 드레스는 단순하고 기능적인 디자인으로 일상생활에서 착용하는 아이템이 되었고, 다양한 소재와 가격으로 복제품이 성행하게 되었다. 그러나 그녀는 이를 마다하지 않고 '복제가 많다는 건 디자이너로서 그 가치를 인정받는 것'이라며 만족했다. 오히려 샤넬 디자인 복제 상품은 샤넬의 디자인 가치를 홍보하는 역할을 했고, 오리지널 샤넬 상품의 희소성을 높여주었다.

아이코닉한 샤넬 트위드[30] 재킷은 트위드 소재를 활용해 칼라가 없으며, 심플하고 짧은 길이로 테두리 전체를 긱본이나 브레이드[31]로 장식한다. 인위적인 꾸민 장식 없이 트위드 천이 자연스럽게 몸에 맞도록 되어 있어 움직임이 자유롭고 활동하기 편하다. 샤넬 로고가 새겨진 단추를 사용해 올을 추출하여 몇 겹으로 꼬아 만든 바이어스 리본으로 트위드를 만들고, 재킷의 형태가 평평하게 유지될 수 있도록 안감에 섬세한 체인 장식을 꿰매는 것이 특징이다. 트위드 소재에 사용되는 금실과 장식, 단추의 세공법 등이 다를지라도 70여 년 동안 이 모양새를 유지하며, 현재도 패션계의 한 주류를 형성하고 있다.

---

30 트위드(Tweed): 잉글랜드와 스코틀랜드 사이를 흐르는 트위드강 근처에서 제직되어 붙은 명칭이다. 순모로 된 직물로 평직이나 능직 혹은 삼능직으로 짠 홈스펀 종류의 천을 총칭하여 트위드라 부른다. 표면은 매끄럽지 않으나 부드러운 게 특징이며, 대개 두 가지 색으로 선염직하며, 두 가지 이상의 색을 사용하여 창살무늬, 삼능무늬를 넣기도 한다.

31 브레이드(Braid): 실을 꼬아서 엮은 장식용 수술로서 샤넬 슈트의 장식에 사용된다. 모양은 평평하거나 물결 모양 등 다양하다.

1955년 2월, 그녀는 패션 역사에 큰 획을 그은 새로운 디자인의 핸드백을 발표한다. 그녀는 당시 여성들이 손에 들고 다니던 핸드백의 불편함을 해결하고 싶었다. 이렇게 탄생한 것이 바로 '2.55 플랩백'이다. 이름에서 알 수 있듯이 1955년 2월에 처음 선보여졌다. 체인 스트랩을 사용해 핸드백을 어깨에 매고 손은 자유롭게 사용할 수 있도록 했다. 이는 여성들의 사회적 지위 향상과 독립을 상징하며, 새로운 트렌드가 되었다. 샤넬의 핸드백은 그 자체로 전설이 되었다. 오늘날에도 클래식 플랩백, 보이백 등 다양한 디자인으로 출시되며, 전 세계 여성들에게 사랑받고 있다. 샤넬 핸드백은 숙련된 장인들의 손길을 거쳐 제작된다. 한 개의 샤넬 핸드백이 완성되기까지는 약 180개의 공정을 거쳐야 하며, 이 과정에서 장인들은 섬세한 손길로 가죽을 재단하고, 스티치를 넣으며, 마감 처리를 한다. 이처럼 정교한 핸드메이드 공정은 제품의 품질을 보증하며, 차별화된 고유의 매력을 더한다. 코코 샤넬은 평소 카멜리아(Camellia, 동백꽃)를 매우 좋아했다고 한다. 자신이 좋아한 카멜리아를 드레스, 구두, 가방, 목걸이 등 모든 제품에 포인트로 사용함으로써 마치 샤넬이라는 증표를 남기기라도 하듯 대표 시그니처로 만들었다. 이 카멜리아는 숙련된 공예 장인들의 100% 수작업을 통해 만들어진다. 샤넬의 장인들은 각고의 노력을 기울이며, 놀랄만한 장인정신과 예술적 감각을 지니고 있다. 그래서 오늘날 샤넬이 존재함에 있어서 장인의 역할은 빼놓을 수 없다. 이 공방들은 샤넬의 과거에서 미래, 그 역사와 함께한다고 해도 과언이 아니다.

장인의 손끝에서 피어난 꽃

고도의 정밀 기술을 가진 기계라 할지라도 오랜 세월 한길을 고집하는 장인의 손길을 따라가기란 쉽지 않다. 샤넬은 프랑스에 소재한 전통 공방들과 오랫동안 협업하고 있다. 이 공방들은 프랑스 문화부가 지정한 장인들에 의해 운영되고 있으며, 메티에 다르(Metiers d'art[32])라는 예술가에게 주어지는 칭호를 받는데 우리나라 국가무형유산과 비슷하다. 샤넬은 2002년부터 매년 장인들의 수작업으로 만들어진 세상에 단 한 점 존재하는 최고급 컬렉션으로 명성을 쌓아왔다.

---

32 메티에다르(Métiers d'Art) 제도: 프랑스는 1994년부터 '메티에다르' 제도를 운영하고 있다. 도예가, 유리 공예가, 부채 및 모자 제작자 등 대상도 다양하다. 메티에다르로 지정된 장인은 전통 기술 전승과 새로운 기술 개발에 대한 책임감을 갖는다. 장인들은 명품 패션 브랜드와 공동 작업을 하기도 하며, 3년간 자신의 기술을 전수해야 한다. 이 기간에 매년 1만 6000유로의 지원금을 받고 활동한다.

프랑스 파리의 새로운 랜드마크인 '르 19엠(Le 19M)'은 공방과 장인들이 모여 있는 곳이다. 자수, 구두, 깃털, 단추 등 다양한 분야의 장인 약 700명이 이곳에서 섬세한 손끝으로 작품에 생명을 불어넣는다. 르 19엠의 19는 파리 19구와 가브리엘 샤넬의 생일 19일을 의미하고, M은 숙련된 장인의 예술적 수공예를 의미하는 메티에 다르(Metiers d'art)의 앞 글자를 따온 것이다. 이곳은 샤넬의 장인정신이 살아 숨 쉬는 곳으로 11개의 공방이 모여 있다. 이들 공방은 샤넬만을 위해 일하는 것은 아니다. 샤넬의 작업도 하지만, 자신의 제품을 만들기도 하고 다른 브랜드 작업도 한다. 이는 다양한 분야의 장인들이 한 공간에서 효율적으로 소통할 수 있도록 돕고, 장인의 노하우를 보존·계승하려는 샤넬의 특별한 노력이자 배려다.

대표적인 공방으로는 자수 공방의 르사주(Lesage), 구두 공방의 마사로(Massaro), 깃털 장식을 활용하는 르마리에(Lemarié), 주얼리와 버튼을 만드는 데뤼(Desrues) 공방, 모자를 제작하는 메종 미셸(Maison Michel) 등이 있다. 공방마다 가지고 있는 노하우와 정교한 기술 그리고 샤넬 스타일을 되살려 내는 세심한 노력과 디테일 등을 보여준다. 이에 맞춰 공방의 장인들 역시 매 시즌 심혈을 기울여 작업을 진행하며 프랑스 명품의 진정한 가치를 선보이고 있다.

샤넬의 역사를 함께 만드는 공방들

자수 공방 '르사주'는 1858년 파리 시내 그랑주 바테리에가에 문을 열었다. 2002년 샤넬에 인수되었으나 여전히 다른 브랜드와도 작업을 하고 있다. 180년 공방의 전통을 잇고 있는 대표 프랑수아 르사주(Jean-Francois Lesage)는 죽기 전 "장인의 혼이 깃든 예술은 시장에 있어야 한다"며 장인의 기술이 예술작품으로서가 아니고 실제 생활에서 활용해야 그 가치가 살아있음을 강조했다. 그는 특히, 젊은 장인을 배출하기 위해 1992년 자수학교를 설립했다. 르사주의 공방에는 50여 명의 장인이 각각의 작업 기준에 맞는 맞춤형 교육을 실시하고 있다. 장인이면 왠지 머리가 희끗희끗하고 얼굴에는 주름이 깊이 패어 있을법한 모습을 상상하겠지만 르사주 공방의 장인들은 평균 나이 20~40대로 대부분 패션디자인학교나 자수학교 출신으로 구성되어 있다. 젊은 장인이지만 전통의 방식을 따르며 현대적 라이프스타일에 어울리는 새로운 자수 디자인 제품을 선보인다. 공방은 오랜 역사만큼 그동안 제작한 70,000여 종의 자수 샘플이 있으며 자수를 만들 때 사용되는 다양한 재료가 60톤 가량 보관돼 있다. 그 범위가 어마어마해서 자수 디자인에 어울리는 재료를 골라주는 전담 직원이 배치돼 있을 정도다.

맞춤 신발 제작 공방인 '마사로'는 1894년 시작한 유서 깊은 공방으로 그동안 마사로에서 구두를 맞춘 고객의 발 본과 정형 도구들이 빽빽하게 보관돼 있다. 샤넬 투톤 슈즈를 처음 개발한 곳으로도 알려져 있다. 1960년 당시 유행하던 뾰족한 뒷굽의 스틸레토 힐 대신 미드 힐을 장착하고, 앞코를 검정 새틴으로 감싼 베이지색 가죽 구두를 만들었다. 이 투톤 슈즈는 발이 편하면서도 작아 보여 디자이너 샤넬뿐 아니라 지금까지 스테디셀러 구두로 많은 여성의 사랑을 받고 있다. 마사로는 코코 샤넬부터 70여 년 동안 샤넬 스타일의 구두를 제작하고 있다. 까다롭기로 유명했던 칼 라거펠트 역시 언제나 새로운 옷을 디자인하면 그 의상에 맞는 구두를 매치하기 위해 마사로와 의견을 나눴다. 최고의 의상을 만들어내기 위해 옷과 장식, 구두에 이르기까지 완벽을 추구하는 그와 작업하면서 구두 굽의 모양과 높이, 사이즈와 형태, 컬러 등 수시로 수정과 보완 작업을 반복했다. 이러한 지치지 않는 열정은 평생 한길을 걸어온 구두 장인의 집념에서 비롯되었음이 짐작된다.

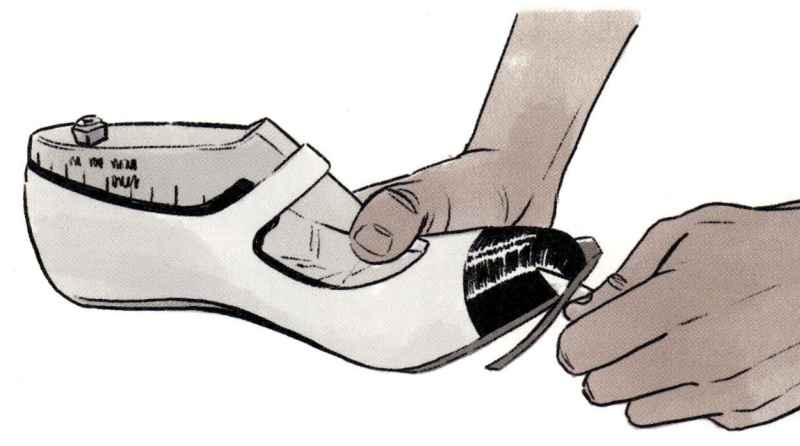

깃털 세공 공방인 '르마이에'는 프랑스에 유일하게 현존하는 깃털 제작 공방이다. 1880년 깃털을 화려하게 장식한 모자가 유행하던 시절, 팔미르 코예트(Palmyre Coyette)가 설립했다. 르마이에는 100년 넘게 프랑스 최고 깃털 공방으로서 현존하며 그 이름을 떨치고 있다. 현재는 코예트의 손자 앙드레 르마이에가 그의 뒤를 이어 작업을 하고 있으며, 샤넬을 비롯한 여러 브랜드들과 쿠튀르 하우스를 병행한다. 르마이에는 거위, 타조 혹은 백조의 깃털 그리고 새틴과 같은 고급 원단들과 조화를 이루며 다양한 컬러를 매칭하고, 샤넬의 아이콘인 카멜리아 트위드 등을 제작하고 있으며, 매년 2만여 개의 스랑을 공급하고 있다.

진정한 명품의 가치

샤넬은 단순히 제품을 외부에 발주하는 것이 아니라, 디자인 초기 단계부터 장인 공방과 긴밀하게 협업한다. 샤넬의 디자이너들은 장인들의 기술과 전문성을 존중하며, 함께 아이디어를 내고 브레인스토밍하며 최고의 결과를 이끌어낸다. 또한, 장인들의 기술을 계승하고 발전시키기 위해 교육 및 지원 프로그램을 아끼지 않는다. 이러한 노력을 통해 샤넬은 장인정신의 불꽃을 영원히 지켜나가고 있다. 섬세한 디테일, 정교한 마감, 그리고 샤넬만의 특별한 매력을 자아내며 최고의 품질과 독창적인 디자인을 가진 제품을 탄생시킨다. 이러한 협업은 샤넬의 브랜드 가치를 높이고, 고객들에게 특별한 경험을 선사하는 원동력이 된다.

샤넬의 성공은 결코 우연이 아니다. 독창적인 디자인 철학, 뛰어난 비즈니스 감각, 그리고 장인들에 대한 깊은 존중이 샤넬 브랜드의 핵심 가치를 만들었다. 샤넬 제품을 소유하는 것은 뛰어난 품질과 디자인뿐만 아니라, 샤넬이 추구하는 우아함과 자신감을 향상시키는 삶의 방식과 가치를 함께 누리는 것을 의미한다. 오랜 역사 속에서 쌓아온 깊은 전통과 끊임없는 혁신을 통해, 샤넬은 시대를 초월하는 아름다움을 창조해 내는 장인정신의 상징이 되었다.

영혼을 담아 조각품을 완성하듯, 샤넬의 장인들은 섬세하고 정교한 손길로 하나하나의 제품에 숨결을 불어넣는다. 한땀 한땀 쏟아지는 노력과 정성으로 시간이 흐를수록 더욱 아름다운 고전으로 자리 잡는다. 장인들을 존중하고 그들의 오래된 기술에 대한 경외심을 가지며 오랜 전통에서 이어지는 오늘의 역사로 그 가치를 인정하는 것이 진정한 명품을 대하는 자세임을 잊지 말아야 할 것이다.

살아있는 마이스터의 힘
키르히탁

    한두 살 터울의 4남매인 우리 집은 비가 내리는 날이면 전쟁터를 방불케 했다. 고만고만했던 나이 탓에 우리 남매들은 아침이면 일렬로 줄지어 학교에 갔다. 그때는 우산이 귀한 물건이어서, 우산살이 반쯤 부서지거나 천이 조금 찢어진 우산도 기꺼이 그 역할을 지켜냈다. 비 오는 날 아침, 행여 늦게 일어나면 온전한 형태의 우산을 차지하지 못할까 봐 노심초사했다. 그러나 언제나 언니, 오빠의 양보로 나는 상태 양호한 우산을 들고 등교할 수 있었다.

    지금이야 우산이 흔한 물건이지만, 그 시절에는 우산이 어느 정도 위엄을 가진 물건이었다. 어느 날 엄마는 우리 네 남매에게 우산을 사 주셨고, 각각 이름을 붙여주셨다. 나는 노란 색 손잡이에 캐릭터가 그려진 우산과 특별히 세트로 노란색 장화까지 선물 받았다. 나는 병아리처럼 귀엽고 예뻤다. 그러나 단 하루도 지나지 않았다. 아침에는 비가 내렸지만 낮 동안 해가 떴고, 어디에 우산을 두었는지 까맣게 잊어버리고 노란 장화만 신은 채 무거운 발걸음으로 집에 돌아왔다. 어른이 되어서도 마찬가지다. 우산은 어김없이 내 시야에서 사라지곤 한다.

    우산의 어원을 살펴보면, 초기의 우산은 비보다는 햇빛을 가리기 위한 용도로 사용되었음을 짐작할 수 있다. 영어 단어 'Umbrella'는 라틴어로 그늘을 의미하는 '움브라(Umbra)'에서 유래했다. 초기의 우산은 나무나 고래 뼈로 만들어졌으며, 기름을 입힌 캔버스를 덮어씌워서 사용했다. 1852년, 직조기 제조업자인 사무엘 폭스(Samuel Fox)가 철제 우산살을 고안하면서 우산 제조 기술이 한층 발전했다. 과거 유럽의 도시들에는 하수도 시설이 부족했고, 이층에서는 처리 곤란한 오물들을 아래로 던지곤 했다. 이 오물을 피하기 위해 여성들이 파라솔을 들고 다녔고, 또 하이힐을 신기 시작했다는 이야기도 있다.

모네의 '우산을 쓴 여인'

　서양 미술에서 우산은 단순히 비를 피하는 도구가 아닌, 여성의 아름다움과 사회적 상징을 표현하는 중요한 소품으로 등장한다. 18세기까지 우산은 여성들의 전유물이었으며, 화려한 장식과 디자인으로 액세서리 역할을 했다. 19세기 이후 우산이 일반화되면서 남성도 사용하게 되었지만, 여전히 여성의 우아함과 아름다움을 상징하는 데 이용되었다. '죽기 전에 꼭 봐야 할 그림' 중 파리 오르세 미술관에 가면 인상파 화가들의 작품들을 많이 만날 수 있다. 워낙 그림을 좋아해서 여유만 생기면 곳곳에 있는 미술관이며 갤러리를 돌아보곤 하는데, 파리 오르세미술관에서 보았던 모네[33]의 '우산 쓴 여인'을 워싱턴 국립미술관에서도 발견했다. 어찌 된 일인지 궁금했는데, 모네는 생전에 우산을 쓴 모델로 여러 장의 그림을 남겼다고 전한다.

---

33 모네(Claude Monet, 1840~1926): 인상파의 대가로서, 실내에서 그려지던 관념적 자연이 아닌 밖으로 나가 직접 눈으로 인식하는 자연을 그렸다. 즉흥적이고 간결한 붓놀림에 의한 특유의 불연속 터치로 그림을 그렸으며, 빛과 기후조건을 달리해 같은 주제인 '수련'을 모티브로 다양한 연작을 그렸다.

이 그림은 모네의 첫 번째 부인인 '카미유'와 그의 아들 '장'을 모델로 한 작품으로, 모네의 아내와 아들에 대한 깊은 애정을 담은 작품이다. 카미유와 장의 다정한 모습은 모성애의 아름다움을 보여주며, 밝고 행복한 분위기는 보는 이들에게 따뜻한 감동을 선사한다. 모네와 카미유는 모델과 화가로서 만났고, 그녀는 병으로 죽는 순간까지 모네의 작품 속 뮤즈로 충실했다. '우산을 쓴 여인'에서 눈에 띄는 것은 푸른 하늘과 하얀 드레스의 색채이다. 끝없이 펼쳐진 푸른 하늘은 희망과 무한한 가능성을 상징하며, 하얀 드레스는 순수함과 여성의 아름다움을 나타낸다. 특히 바람에 날리는 카미유의 하얀 드레스는 자연스러운 움직임과 부드러움을 더하며, 그림에 생동감을 불어넣는다. 모네는 인상파의 대표적인 화가로서 빛과 색채를 독특하게 표현하는 데 뛰어났다. 이 그림 역시 다양한 색채의 꽃들이 어우러져 화려하고 생동감 넘치는 분위기를 연출하며, 모네 특유의 빠르고 짧은 붓 터치는 빛과 그림자를 효과적으로 묘사했다.

세월의 흐름에 멋을 더하는 키르히탁

오스트리아는 비와 눈이 잦은 날씨로 우산 사용이 빈번하고, 우산 제조업 또한 발달했다. 유럽 국가들, 특히 독일과 오스트리아에는 '마이스터'[34] 제도가 존재한다. 마이스터는 특정 분야에서 최고의 기술을 인정받은 장인을 의미하며, 오랜 세월 쌓아온 노하우와 뛰어난 실력을 바탕으로 최고의 품질을 보장한다. 여러 세대를 거쳐 내려온 열정과 성실함이 가득 차 있는 우산 장인, 잘츠부르크에는 이 마이스터가 제작하는 핸드메이드 우산이 있다. 일회성 소모품이 아닌 평생 쓸 수 있는 물건으로, 100년 이상의 역사를 자랑하는 전설의 우산 가문인 '키르히탁(Kirshtag)'은 마이스터가 직접 제작한 우산으로 유럽 각지에서도 명성이 자자하다.

---

34 마이스터(Meister) 제도: 중세 길드로부터 이어져 온 마이스터 제도는 엄격한 「견습공-도제-마이스터」라는 계층 질서가 존재했다. 마이스터만이 문서화된 자격증을 가질 수 있었으며, 이 자격은 타 국가에서도 인정받았다. 전통의 수공업 훈련은 1897년 법적으로 부활했으며, 치열한 국제적 경쟁 속에 숙련된 인력이 배출되었다. 현대의 마이스터 제도는 우수한 인력의 조기 발견과 직업교육을 통한 경제 인력 확보를 위한 교육 시스템으로서 1960년 후반에 만들어졌고 개정을 거듭하며 직업훈련제도로서 이어지고 있다. [위키백과]

1903년 키르히탁은 오스트리아 잘츠부르크에 수제 우산 제조 공방을 열었다. 이 가문은 4대에 걸쳐 우산 제작의 전통을 이어오고 있다. 알로이스 키르히탁(Alois Kirshtag)은 1970년대에 활동했던 우산 마이스터로서, 당시의 전통적인 수제 우산 제작 기술을 계승한 장인이다. 그의 동생 역시 우산 장인으로 활동했다. 현재는 그의 아들 안드레아스 키르히탁(Andreas Kirshtag)이 4대째 가업을 이어받아 운영하고 있다. 이렇게 한 가지 일에 가족 모두가 종사하며, 대를 잇고 있는 하우스 마이스터는 오스트리아의 자부심이 아닐 수 없다.

　　이렇게 100년 전통을 지키며 수제 우산을 제작하고 있는 키르히탁은 전통적인 기술과 현대적인 감각을 결합하여 고객들에게 특별한 가치를 제공한다. 다른 평범한 우산과 차별화하기 위해, 그들만의 원칙을 세워 최고의 재료 사용만을 고집한다. 단풍나무, 장미나무, 체리나무, 물푸레나무 등 최고급 목재를 소재로 손잡이와 기본 틀을 만들며, 다양한 스타일의 우산 본을 소유하고 있어 나무의 자연스러움을 최대한 강조한다. 천연재료의 사용을 원칙으로 하며, 우산의 손잡이는 천연 꿀벌 왁스를 통해 광택을 낸다. 그래서 색상과 무늬, 촉감과 향이 모두 다르다. 우산을 펴고 닫을 때 들어가는 부품 역시 최고급만을 고집하며 사용한다. 우산마다 각각의 고유 번호를 부여하고 원하는 사람에 따라 이름을 새겨주기도 한다. 손잡이 소재와 원단 디자인을 소비자가 직접 고르는 맞춤식 디자인으로 해마다 정해진 수량만을 생산하기 때문에 나만을 위한 프리미엄 우산을 소유할 수 있다. 우산은 손에 쥔 순간 부드럽게 가공된 나무의 촉감과 장인의 정성이 고스란히 느껴져 더욱 우아하고 고급스럽다. 마치 오래전부터 사용하고 있었던 것처럼 낯설지 않고 편안하다. 특히, 조립부터 바느질까지 제작 전 과정이 수작업으로 만들어지기 때문에 같은 디자인이라도 똑같은 제품이 하나도 없다.

위기를 극복한 새로운 전략

하루가 다르게 변화하는 현대 사회는 기업들에게 끊임없는 도전과 혁신을 요구한다. 특히 기술의 보편화와 시장의 공급과잉은 기업 경쟁을 더욱 심화시키고 있다. 이러한 변화는 기업 중심의 시장에서 고객 중심의 시장으로 전환되었음을 의미하며, 이제는 기업이 고객을 선택하는 것이 아니라 고객이 기업을 선택하는 시대가 되었다. 키르히탁 역시 100년이라는 오랜 역사를 자랑하는 우산 제조업체이지만, 변화하는 시장 환경 속 위기에 직면했다. 대량생산으로 인해 저렴한 우산이 범람하고, 고가의 명품 우산에 대한 수요가 감소하면서 판로 확보가 점차 어려워졌다.

4대 사장 안드레아스 키르히탁은 이러한 위기를 극복하고 새로운 성장 동력을 확보하기 위해 현명한 전략을 펼쳤다. 고가의 명품 라인은 그대로 유지하면서, 갖고 싶지만 너무 비싸 구매하기 힘들었던 소비자들을 위해 '중저가 수제 우산 라인'을 개발했다. 100년 역사의 수제 기술을 접목하여 제작된 이 라인은 비교적 저렴한 가격으로 품질 좋은 우산을 소유할 수 있도록 해 새로운 고객층을 확보했다. 온라인 채널 활용을 위해 해외 홈페이지를 구축하고, 온라인 판매 시스템을 통해 글로벌 시장 진출을 본격화했다. 전 세계 어디에서나 키르히탁 우산을 쉽게 구매할 수 있도록 하여, 해외 시장에서도 브랜드 인지도를 높이고 판매를 확대했다. 또한 우산의 사용 범위를 파라솔 시장으로 확장하며 새로운 수익원을 창출했다.

전통의 우아함과 현대적 디자인을 결합한 파라솔 제품은 소비자들의 호응도가 높다.

　잘츠부르크의 중심부에 위치한 게트라이데 게트라이데[35] 거리는 화려한 바로크 건축물들과 독특한 간판들이 어우러져 마치 중세 시대에 온 듯한 착각을 불러일으킨다. 각 상점마다 업종을 상징하는 독특한 문양의 간판들이 즐비하며, 야외 미술관 분위기를 준다. 좁고 긴 게트라이데 골목 양쪽에는 오랜 역사를 자랑하는 건물들이 늘어서 있으며, 각 상점마다 개성 넘치는 철제 세공 간판들이 시선을 사로잡는다. 그중에서도 특히 눈길을 끄는 것은 바로 키르히탁의 간판이다. 간판은 우산 공방을 한눈에 알아볼 수 있게 길쭉한 우산 모양을 본떠 우아하게 디자인되어 있다. 마치 살아있는 역사처럼 과거와 현재를 이어주는 역할을 하며, 키르히탁이라는 브랜드 가치를 높여 준다.

---

35 (Getreidegasse): 오스트리아의 잘츠부르크 중심부에 있는 번화한 쇼핑거리로 1997년 세계문화유산으로 지정되었다. 중세 시대 글을 잘 모르던 사람이 물건을 살 수 있도록 간판에 글 대신 그림을 그렸다고 한다. 건물마다 가게의 특징을 철에 표현한 예술적인 수공 간판들이 많이 달려 있어 독특하고 아름다운 분위기를 만들어내고 있다.

세월의 향기가 묻어나는 장인정신

키르히탁이 100년 넘게 4대째 가업을 이어올 수 있는 비결은 엄격한 소재 선정, 전 작업을 손으로 하는 공정, 끊임없는 품질 향상 노력, 그리고 세대를 이어 전해지는 장인정신이다. 키르히탁 우산은 단순히 비를 피하는 도구로서만 사용하는 것이 아니다. 그 우산의 손잡이에서 느껴지는 세월의 향기로 섬세하면서도 클래식한 멋을 담고 있다.

키르히탁의 대를 이어 지켜온 우산 작업은 우리나라의 전통 우산을 만들고 있는 '윤규상' 장인을 떠오르게 한다. 시대의 변화와 함께 명맥이 끊긴 전통 지우산[36]을 필사적인 노력으로 다시 부활시킨 그는 우리나라 유일의 우산장[37]이다. 목수의 아들로 태어나 어렸을 때부터 손재주가 좋았고, 우산공장 견습공으로 들어가 열일곱에 처음 우산 만드는 일을 시작해, 팔십 평생을 지우산 제작에 인생을 바친 윤 장인은 작업 자체가 그의 삶이 되었다고 한다.

---

36 지우산(紙雨傘): 지우산이란 대나무로 만든 살에 기름을 먹인 한지를 붙여 만든 우산으로 견고하며 고풍스럽다.
37 우산장: 윤규상, 전북특별자치도 무형유산 제45호

지우산을 만드는 과정은 오랜 시간과 정성이 필요하다. 특히 우산살을 만들기 위해 질 좋은 대나무를 구해야 하며, 대나무를 쪼개고 다듬는 고된 작업 공정을 거쳐야 한다. 살대를 일일이 가공한 뒤, 우산살과 살 사이에 한지를 바르고, 우산 꼭지에 살을 연결해 실을 감아 골격을 만든다. 그리고 들기름을 바르고 말리는 작업을 반복하면 지우산이 완성된다. 대나무 살대는 바람이 불어도 뒤집어지지 않고, 기름먹인 한지는 가죽만큼이나 튼튼하고 견고하다. 지우산은 완성까지 80여 차례의 손길이 필요하다. 각 과정마다 정성을 다해 세심한 주의를 기울여야 한다. 각각의 재료들이 한 치의 어긋남 없이 제자리에서 역할을 해줘야 우산이 활짝 펴진다. 양산이나 우산 용도로 사용되는 지우산은 자연스레 물들인 한지의 색감이 아름답고 은은한 빛에 비치는 명암이 그윽하다. 비가 오는 날에는 기름을 먹인 한지가 비를 튕겨내지 않고 살대와 한지 위를 스르륵 미끄러지며 흘러내린다. 비 오는 날의 소리와 함께 더욱 멋스러움을 더하며, 정감이 전해진다.

윤규상 장인은 옛날 방식을 고집스럽게 지키며 전통의 맥을 이어가고 있다. 외롭고 고된 길이지만, 그는 자신의 길을 묵묵히 걸어가고 있다. 그의 아들 역시 안정적인 직장을 그만두고, 아버지의 뜻을 이어 우산을 만드는 작업에 동참하고 있다. 힘든 일임에도 불구하고 대를 이어 한길을 가고 있는 윤규상 장인과 그의 아들의 용기와 도전에 경외의 박수를 보낸다

전통이란 과거로부터
현재까지 지속되어 살아 움직이며
그것을 받아들여 다음 세대에
전하고 인정받는 그 무엇이다

    프랑스의 철학자 장 푸이용은 "전통이란 과거로부터 현재까지 지속되어 살아 움직이며 그것을 받아들여 다음 세대에 전하고 인정받는 그 무엇"이라고 정의했다. 이는 전통이 단순히 과거의 틀에 갇혀 있는 것이 아니라, 현재의 삶 속에서 미래를 위한 가치로서 끊임없이 발전하고 있음을 강조한다. 최고급 수공예 우산은 동서양을 막론하고 오랜 시간 동안 쌓아온 경험과 기술을 통해 그 가치를 입증한다. 이러한 전통을 일상으로 옮기는 장인들의 끊임없는 노력에서 그들의 진정성이 드러난다.

    산업화 시대의 넘쳐나는 상품은 더 이상 대단하거나 경이롭지 않다. 기술과 품질이 균등화되면서 대량생산, 대량소비의 시대가 되었다. 21세기 소비자들은 더 이상 진부한 제품을 찾지 않는다. 새로움과 특별함이 묻어나는 '질'과 '차이'를 추구한다. 대를 이어가며 쌓아온 솜씨, 이것이 낡고 비좁은 작업장에서 숙련된 장인의 날렵한 손길로 창조된 물건이 귀중한 이유일 것이다.

일상의 재미를 만드는
알레시

'쥬시 살리프(Juicy Salif)'는 1990년 필립 스탁이 디자인한 제품으로 주방을 예술 갤러리로 탈바꿈시킨 주역이다. 우주선을 닮은 듯한 독특한 생김새로 지금까지도 그 인기는 시들지 않고 있다. 쥬시 살리프의 본래 기능은 레몬 착즙기다. 알루미늄 소재로 만들어져 레몬의 산 때문에 제품이 산화하는 걸 방지하고, 반짝반짝 광이 나는 것이 제품의 특징이다. 사용 방법은 위쪽 머리 부분에 레몬이나 오렌지를 손으로 눌러 사이사이 나 있는 홈을 따라 과일의 즙을 받아 낸다. 레몬을 누르는 데 힘이 많이 들고 완벽한 착즙이 불가능하지만, 존재 자체만으로 기능을 압도하는 쥬시 살리프는 그 목적을 다하지 못함에도 불구하고 우리 집 거실 장식면에 할로겐 조명을 받으며 자신의 실루엣을 뽐내고 있다. 나 역시 그의 기능보다는 외적 아름다움에 심리적 만족감을 얻으며, 고가의 오브제로서 가끔 먼지를 털어주는 수고로움으로 그것과 조우한다.

알레시(Alessi)는 이탈리아 생활용품 디자인 브랜드로, 오랜 전통의 공방 형태에서 비롯된 장인정신에 기원을 두고 있다. 알레시 가문은 독일에서 배운 양은 세공 기술을 바탕으로 300년의 역사를 지닌 금속 장인의 집안이다. 1921년 문고리를 제작하는 판금사였던 '지오반니 알레시(Giovanni Alessi)'는 이탈리아 북부에 위치한 오메냐(Omegna) 지역에 공방을 세웠다. 가내 수공업 형태로 시작하였고, '알레시'라는 브랜드명은 설립자인 지오반니 알레시의 이름에서 유래했다.

1940년대, 그의 아들 '카를로 알레시(Carlo Alessi)'가 가업에 참여하면서 사업은 새로운 전환점을 맞이했다. 제2차 세계대전 중 알레시는 군사 장비와 금속 장식을 제작했고, 전쟁 후에도 미군으로부터 지속적인 주문을 받았다. 이를 통해 공장 시설을 확장하고, 전통적인 금속가공법을 현대적인 프레스가공 방식으로 전환하면서 생산 효율을 높였다. 또한 스테인리스 스틸을 사용한 제품을 선보이며, 글로벌시장에 큰 반향을 일으켰다.

디자인이란 생활 속에서 사용되는 일상용품이어야 한다

현재 알레시의 대표는 창업자의 손자인 3세대 '알베르토 알레시(Alberto Alessi)'이다. 그는 대학에서 법률학을 전공한 변호사였지만, 가문의 전통을 이어받아 가업에 동참했다. 알베르토는 다양한 예술품과 디자인의 협업으로 시너지 효과를 창출하고자 새로운 프로젝트를 실행했다. 그는 당대 최고의 예술가들을 불러 모아 평범한 일상의 주방용품을 예술적으로 표현하길 요구했다. 실제로 사용 가능한 제품을 목표로 단순히 장식성을 고려하는 것이 아니라, 용도와 기능을 중시한 디자인 제품으로 아름다움과 실용성을 갖추게 되었다. 이러한 제품은 소비자들의 반응을 일으키기 시작했고, 브랜드의 외연을 확장하는 동시에 알레시만의 독창적인 디자인 기준을 확립하는 계기를 마련했다.

일상을 예술로 승화

알레시의 철학은 명확하고 단순하다. '디자인이란 일상의 삶에서 즐겁고 새로운 재미를 발견해야 한다'는 것, 매일 사용하는 주방용품에서조차 신선함을 찾아내야 비로소 "알레시답다!"라고 말할 수 있다. 일상 생활용품에서 동화적인 상상력을 발휘할 수 있는 획기적인 시도는 알레시를 디자인 제품의 최크 브랜드로 자리매김하게 했으며, 세계 무대로 진출할 수 있는 발판이 되었다. 1980년에는 목제품, 1990년대에는 도자기, 그리고 어른을 환상의 세계로 이끄는 수지 소재의 F.F.F 시리즈를 발표하며 그 범위를 넓혀갔다. 주방용품에서 시작해 데스크 용품, 욕실용품, 액세서리, 태블릿PC 등 전자제품까지 매우 다양해졌다. 그 인기가 세계적 수준에 이른 현재에도 알레시의 독특한 발상과 신박한 디자인은 계속해서 진화하고 있다.

기발한 상상력으로
지루한 일상에서
잠시나마 눈이 번쩍 뜨이는
알레시 디자인

알레시는 2년마다 수여되는 이탈리아 최고의 디자인 상인 '황금 콤파스 상(Compassod'Oro)'을 10년 주기로 수상하며, 미국의 '굿 디자인 어워드(Good Design Award)'에서도 해마다 이름을 올리고 있다. 알레시의 매력은 기발한 상상력으로 지루한 일상에서 잠시나마 눈이 번쩍 뜨이는 디자인을 통해 의외의 즐거움을 준다. 알레시의 제품은 대량 생산되는 소비재인 동시에 예술작품으로 인식되고 있다. 우리 집 거실에 고이 모셔둔 쥬시 살리프처럼 주방용품이 아닌 인테리어 소품, 오브제로 활용되고 있다. 알레시는 생활용품을 판매하지만 동시에 세계 최고 디자이너의 작품을 일반 대중에게 전달하는 역할을 하고 있다. 소비자들은 알레시 제품을 구매함으로써 이탈리아 예술의 한 장르를 누릴 수 있게 되는 것이다.

디자이너 없는 디자인회사

알레시는 회사 내부에 디자이너가 없는 것으로 유명하다. 디자인회사에 디자이너가 없다는 것이 아이러니하지만 외부 프리랜서 디자이너와 작업하는 방식의 시스템을 갖추고 있다. 약 300명의 디자이너 네트워크를 통해 프로젝트별로 적합한 디자이너를 선정해 작업한다. 또한, '알레시디자인연구소'를 통해 젊은 디자이너들의 새로운 아이디어를 발굴하고, 세계 여러 대학에서 워크숍을 진행하여 신진 디자이너들의 참여를 유도한다. 프로젝트에 참여한 디자이너들은 대부분 세계적으로 유명한 예술가이자, 건축가, 디자이너들로 구성된다. 산업디자인계의 거장 필립 스탁(Philippe Starck), 에토르 소트사스(Ettore Sottsass), 장난감 디자이너로 알려진 엔조 마리(Enzo Mari), 건축가 알도 로시(Aldo Rossi), 알레산드로 멘디니(Alessandro Mendini) 등 다수의 거장들이 알레시와 협업했다. 이들은 알레시의 철학과 가치를 바탕으로 각자의 아이덴티티를 충분히 반영한 실험적이고 혁신적인 디자인을 창출해낸다. 알레시의 브랜드와 디자이너의 협업은 매우 성공적이며, 기대 이상의 효과를 끌어냈다.

성공한 제품들이 많지만 그중 알레시를 대표하는 상품 라인으로 '노래하는 주전자'를 들 수 있다. 1985년 알레시 최초의 미국인 디자이너이자 현대 건축의 거장이라 불리는 마이클 그레이브스(Michael Graves)가 디자인했다. '9093' 모델로 알려진 이 주전자는 단순하면서도 세련된 원뿔 형태의 디자인으로, 주전자를 잡았을 때의 그립감을 고려한 편안한 손잡이가 특징이다. 특히 주전자의 주둥이 부분에는 마치 새 한 마리가 앉아 있는 듯한 휘슬(Whistle)이 장착되어 있어 물이 끓으면 수증기가 올라와 '삐-삐'하는 새소리를 낸다. 이는 물 끓이는 것을 깜박하고 잊어버리는 사람들에게 특히 유용하다. 새 모양의 휘슬은 다양한 색상으로 출시되어 교체할 수 있으며, 이 주전자는 해마다 10만 개 이상 판매되는 인기 제품이다. '노래하는 주전자'는 단순한 주방용품을 넘어, 기능성과 아름다움을 겸비한 디자인으로 많은 이들에게 사랑받고 있다.

> 삶은 아름다운 것과
> 연결되어 있고,
> 그 모든 것이 디자인이다

알레시의 베스트셀러 중 하나인 안나 G(Anna G)는 알레산드로 멘디니(Alessandro Mendini)가 디자인한 와인 오프너이다. 안나 G는 갸름한 얼굴과 긴 목, 톱니 장식에 예쁜 드레스를 입고 있는 여성의 형태를 하고 있다. 이 디자인은 멘디니 아내의 예명을 사용한 것으로, 와인 오프너를 돌릴 때 발레리나를 연상시키도록 만들어졌다. 1994년 처음 출시되었으니 올해로 30세가 된 셈이다. 안나 G는 멘디니의 작품 중에서 세계적으로 가장 널리 알려진 디자인이자 알레시를 대표하는 상징적인 아이템이기도 하다. 그의 작품세계에서는 언제나 인간을 향하고 배려하는 마음이 묻어난다. 2003년에는 혼자 있는 안나가 슬퍼할 것을 배려해 파트너 산드로 M(Sandro M)을 만들었다. 이러한 디자인은 평범한 사물에도 생명을 불어넣는 멘디니만의 감성을 반영하며, 사물에 대한 인간다운 애정을 보여준다. 그의 디자인 철학은 '삶은 아름다운 것과 연결되어 있고, 그 모든 것이 디자인'이라는 신념이다. 그는 인간의 감정을 소통하고 배려하는 것이 무엇보다 중요하다고 생각한다. 그의 특별하면서도 혁신적인 제품을 바라보면 마치 동심의 세계로 돌아간 기분이 들며, 나도 모르게 입꼬리가 찡긋 올라간다.

　알레시는 그들만의 비즈니스 노하우를 가지고 있다. 디자인을 중심으로 효율성을 확보하는 산업적 성격과 전통으로 이어지는 수공예 장인정신을 계승하는 제조업을 병행한다. 알레시는 초창기부터 회사의 주요 전략으로 디자인 개발에 투자하고, 디자인을 고부가가치 창출의 강력한 요인으로 이해해 왔다. 디자인의 힘을 극대화하여 제품 차별화를 시도하고, 철저하게 디자인 전략을 지향하는 회사로서의 이미지를 강화해왔다. 21세기는 디자인을 통해 제품의 품질이 표현되고, 소비자의 감성 욕구를 충족시키는 시대이다. 이러한 시대적 요구에 발맞춰 디자인을 통해 제품의 부가가치를 높이고 고객의 소유 욕구를 충족시키며, 브랜드 이미지를 확장하고 있다.

꿈을 만드는 공장

알레시는 '꿈을 만드는 공장'이라는 비전을 실천하고 있으며, 전 세계적으로 성공적인 디자인회사로 평가받고 있다. 알레시가 디자인회사로서 명성을 얻게 된 이유는 제품 디자이너들의 개성을 존중하는 기업 문화를 가지고 있기 때문이다. 디자이너들과의 정확한 사전 계약을 통해 철저한 지적 재산권을 보장하고, 개발된 제품에 디자이너의 이름을 새겨 넣으며 일정 비율의 로열티를 지급한다. 디자이너들이 제품의 완성도를 높일 수 있도록 아이디어 구상부터 완제품 출시까지 충분한 시간을 제공한다. 이로 인해 짧게는 1년, 길게는 5~7년의 기간 동안 프로젝트가 진행될 수 있다. 알레시는 대중의 심리를 정확히 읽고, 불가능해 보이는 디자인도 구현할 수 있는 기술력을 보유하고 있다. 이는 제품의 고유한 품질과 기능을 보장한다. 탁월한 소재 선택과 제조 기술력은 알레시 제품의 독창성을 강화하는 중요한 요소이다. 무엇보다 알레시는 많이 팔릴 제품을 만드는 것보다 사용자에게 행복을 주는 제품을 만드는 것을 우선시한다. 사용자가 제품을 보고 사용할 때 느끼는 감성을 중요하게 생각하며, 이러한 디자인에 대한 원칙과 철학을 고수한다.

알레시는 창립 100주년을 맞아 이탈리아 디자인의 정체성과 가치를 기념하기 위한 다양한 활동을 진행하고 있다. 그중에서도 가장 주목받는 활동 중 하나는 역대 대표적인 디자이너들의 미출시 제품을 선보였다. 연구로만 남아 있던 이 제품들은 100년간의 생활과 새로운 세기의 실험을 축하하기 위해, 12개의 가치와 12개의 미공개 프로젝트로 출시되고 있으며, 12개월 동안 진행된다. 또 알레시는 제품의 다양성을 확대하고 일부 제품을 제한적으로 생산하여 희소성을 통해 제품의 가치를 상승시키는 전략을 채택하고 있다. 이를 통해 더욱 독창적이고 고유한 제품을 제공할 수 있다. 알레시의 광고 전략도 독특하다. 디자이너들이 직접 출연하여 자신이 디자인한 제품들과 함께 광고를 연출함으로써 제품의 신뢰도를 높이고 있다. 이는 알레시와 디자이너 모두에게 유익한 전략으로, 브랜드와 디자이너의 이미지를 효과적으로 알릴 수 있다.

또한, 알레시는 각 나라마다 독점권을 통한 유통 전략을 고수하며 디자인업체로서의 전통성과 역사성, 그리고 사회문화적 기여를 강조하는 기업 이미지를 높이고 있다. 이러한 전략은 알레시가 고급스러운 브랜드 이미지를 유지하고 강화하는 데 크게 기여한다. 현재 알레시는 100여 개국에서 5,000개 이상의 매장을 운영하며, 글로벌 시장에서의 입지를 확고히 다지고 있다.

디자이너도 시인처럼
인간의 감성을 자극하는
디자인을 만들어야 한다

2016년 11월 한국을 방문한 알베르토는 '디자이너도 시인처럼 인간의 감성을 자극하는 디자인을 만들어야 한다'며 자신이 회사를 물려받은 이후 그동안의 성과에 대해서 '제품의 다채로운 예술화'를 실현한 것뿐이라며 알레시의 제품에 대한 가치를 이야기했다. 그에 다르면 알레시의 성공 공식 전략은 다음과 같다.

디자인의 힘으로 세상을 변화시키다

알레시 성공 공식

SSS=F(1-5)+SMI(1-5)+CL(1-5)+P(1-5) 여기서 F(Function)는 기능, SMI(Sensoriality Memory Imaginary)는 제품이 기억되는 감각, CL(Communication Language)은 소통 언어, P(Price)는 가격 등을 의미한다.

위의 네 가지 요소를 1부터 5까지의 단계로 나눠 시제품을 평가한 후, 높은 점수를 받은 제품을 위주로 시장에 출시한다.

알레시는 단순한 주방용품 회사를 넘어 예술성, 독창성이 돋보이는 디자인으로 끊임없는 혁신과 전통의 조화를 통해 디자인의 새로운 지평을 열었다. 21세기 최첨단 정보 기술 시대에도 불구하고 전통적인 디자인 가치를 소중히 여기며, 이를 통해 디자인 혁명을 주도하고 있다. 이탈리아 디자인의 역사와 의식을 계승하면서도 혁신적인 접근법을 통해 세계적인 대중화를 꿈꾼다.

알레시의 100년 역사는 금속 세공 기술로 제작된 초기 제품에서 시작하여, 현재의 신소재와 신기술을 활용한 혁신적인 제품에 이르기까지 계속되고 있다. 극도의 기능성을 추구하는 제품과 예술성을 추구하는 제품을 동시에 제공하며, 시대별로 디자이너, 형태, 생산방식 등에 있어 진화론적 발전을 보여준다.

오랜 전통을 바탕으로 고집스럽게 정체성을 지켜가는 것은 쉬운 일이 아니다. 모름지기 단순한 장식이 아닌 실용성이 있는 아름다움으로, 생활 속에서 사용되는 일상용품이어야 한다는 확고한 콘셉트로 디자인 개별 상품이 변화하더라도 일관성 있는 제품을 출시해 왔다. 이것이 오늘날 알레시가 꿈을 만드는 공장을 실현할 수 있었던 이유이다.

알레시

장인의 기술을 존중하는
프라다

　지금 당장 당신에게 떠오르는 명품 브랜드를 생각해보라고 한다면 어떤 브랜드가 생각날까? 프라다는 패션계에서 높은 영향력을 가지고 있는 세계적인 브랜드 중 하나다. 브랜드 자체가 오랜 역사와 전통을 가지고 있지만, 매 시즌이 시작될 때마다 독특하고 실험적인 디자인을 선보여, 패션 트렌드를 선도하며 문화예술계에 새로운 반향을 일으킨다.

　패션 브랜드와 미술의 만남은 오랜 역사를 가지고 있으며, 현대에 이르러 더욱 두드러진 트렌드로 자리 잡고 있다. 이러한 관계는 르네상스 시대로 거슬러 올라간다. 당시 유수의 가문들이 예술가와 작품을 후원하며 시작된 이 전통은, 현대 패션 브랜드들이 예술과의 협업을 통해 새로운 창작물을 선보이도록 하는 토대가 되었다. 2023년 9월, 서울 인사동에 위치한 복합문화공간 코트(Kote)에서 '프라다 모드 서울' 행사가 열렸다. '프라다 모드'는 전 세계 주요 도시를 순회하며, 다양한 장르의 예술과 협업을 통해 일생에 단 한 번뿐인 경험을 선사하는 문화 교류 프로그램이다. 코트는 1964년 가구 공예품점으로 시작하여 현재는 문화, 예술, 창작, 협업의 장으로 거듭나며, 프라다 모드의 취지를 잘 드러낸 최적의 장소다.

'프라다 모드'는 2018년부터 마이애미, 홍콩, 런던, 파리, 도쿄 등 세계 여러 도시에서 개최되었으며, 서울에서 처음으로 열린 행사는 특별한 의미를 갖는다. 이번 행사에서는 한국 영화계를 대표하는 김지운, 연상호, 정다희 감독의 설치 작품이 전시되었다. 세 감독은 '다중과 평행'이라는 주제 아래 현대 사회를 바라보는 영화적 시선을 독창적으로 표현했다. '장화, 홍련', '달콤한 인생'을 만든 김지운 감독은 '희미한 옛사랑의 그림자'를, '의자 위의 남자'와 '빈방'으로 알려진 정다희 감독은 '종이, 빛, 유령'이라는 타이틀의 전시를 선보였으며, '부산행', '지옥'으로 유명한 연상호 감독은 넷플릭스 시리즈로 유명한 '지옥'의 주인공이 살던 방을 그대로 재현한 설치 작품 '지옥'을 공개했다. 프라다 모드 서울 행사는 패션과 미술의 경계를 넘나드는 창작자들과의 협업을 통해, 예술적 영감과 창의성을 한데 모아 새로운 트렌드를 제시하는 데 큰 역할을 했다. 프라다는 이러한 문화적 교류 프로그램을 통해, 브랜드의 철학과 가치를 널리 알리고, 전 세계의 예술가들과 함께 새로운 가능성을 탐구하며, 진정한 의미의 예술적 혁신을 이룬다.

도전과 재탄생

　단아하면서도 절제된 미학으로 도발적인 매력을 풍기는 프라다. 프라다 컬렉션은 종종 다른 아이템과 낯선 아이디어를 통해 생소한 '다름'으로 소비자를 매료시킨다. 특히, 이번 컬렉션의 소재는 가죽이 아닌 나일론 섬유를 선택했다. 소재에 대한 특별한 애정은 프라다의 히스토리를 보면 짐작할 수 있다. 지금의 프라다를 이끌고 있는 '미우치아 프라다'의 외할아버지인 '마리오 프라다'는 1913년 이탈리아 밀라노에 가죽 용품 전문 매장인 '프라텔리 프라다(Fratelli Prada)'를 설립하며 가죽 핸드백, 트렁크, 장갑 등을 핸드메이드로 제작하였다. 초기에는 왕실의 공식 납품업체로 뛰어난 품질과 디자인의 우수성을 인정받으며 상류층 시장 공략에 성공했다.

　그러나 1940년대 2차 세계대전 이후, 유럽 경기가 침체되고 라이프 스타일의 변화와 함께 프라다 역시 힘들어지게 되었다. 마리오 프라다의 뒤를 이어 미우치아의 어머니인 루이자 프라다가 가업을 이어받았지만 결국 파산 직전에 몰리게 되었다. 미우치아는 1977년 파산 위기에 놓인 프라다를 살려내야 하는 막중한 의무와 함께 새로운 혁신을 위해 본격적으로 경영을 맡게 된다. 학창 시절 정치학을 전공한 그녀로서 패션디자인을 배운 적이 없었지만, 오히려 자신만의 독특한 감성으로 새로운 디자인 감각을 덧붙여 혁신적인 변화를 일으킬 수 있었다. 프라다가 현재 패션계의 내로라하는 명품으로 자리 잡을 수 있었던 것도 미우치아의 노력이 크다.

품질 좋은 가죽을 구하는 것은 예나 지금이나 쉬운 일이 아니다. 당시 고급 가죽으로만 사용되던 가방을 대신해 새로운 소재를 물색하던 중 트렁크 보호용 소재로 사용하던 포크노(Pocono), 일종의 나일론을 발견하게 된다. 포크노는 조밀하게 제작된 방수 직물로서 주로 낙하산이나 비옷을 포함한 군수품 제작에 사용되었다. 이 나일론은 가죽에 비해 가볍고 질기며, 활용이 편리하다는 장점을 가지고 있다. 미우치아는 이 나일론으로 제작한 블랙의 백팩을 출시하게 되지만, 처음 시장의 반응은 그리 녹녹지 않았다. 그러나 점차 가방의 쓰임에 대한 가치를 알게 되며 소비자들의 구매는 기하급수적으로 늘어났고, 비로소 오늘날 패션에 관심 있는 사람이라면 누구나 갖고 싶은 워너비 아이템이 되었다. 가볍고 질긴 데다 물에 젖지 않는 포코노 나일론 소재의 가방은 당시 가죽만이 고급스럽다고 믿었던 명품 패션계에서 상당한 파격이었다. 오히려 이 포코노 나일론 백은 프라다 매출의 40%를 차지할 만큼 인기를 끌었고, 브랜드의 동력이 되어 오늘날 미우치아 프라다의 패션 세계를 탄생시켰다.

예술은 단순히
예술을 위한 것이 아니라,
더 많은 사람들을 이해하고
마주하기 위해 존재한다

패션과 예술의 만남

미우치아 프라다는 매력적인 여성은 외모보다 지성에서 그 본연의 아름다움을 발산한다고 믿고 있다. 그녀는 직접적인 노출을 절제하는 대신 은근한 매력을 추구해 당시 커리어우먼을 꿈꾸던 도시 여성의 마음을 사로잡았다. 2000년대 들어 미우치아 프라다는 스커트에 양말과 하이힐을 매치하고, 모자와 칵테일 드레스를 조합하는 등 전통적 패션 규칙과 어긋나는 다소 이색적인 조합으로 새로운 스타일을 만들었다. 그녀는 패션뿐만 아니라 예술에도 깊은 애정을 가지고 있다. 특정 예술가들의 작품을 수집할 정도로 예술에 대한 열정이 넘치며, 이를 바탕으로 문화재단인 '폰다지오네 프라다(Fondazione Prada)'를 설립하였다. 이 재단은 현대미술 작품 전시를 시작으로, 건축, 문학, 영화, 음악, 철학, 과학, 정치 등 다양한 분야로 그 영역을 확장했다. 양조장을 개조하여 만들어진 이 미술관은 높은 층고와 거친 마감을 통해 작품을 더욱 돋보이게 하며, 독특한 공간감을 제공한다. 이곳은 예술과 건축이 조화를 이루는 공간으로, 방문객들에게 새로운 예술적 경험을 선사한다.

미우치아 프라다는 "예술은 단순히 예술을 위한 것이 아니라, 더 많은 사람들을 이해하고 마주하기 위해 존재한다"고 강조한다. 그녀의 이러한 믿음은 프라다의 컬렉션과 폰다지오네 프라다의 활동에서 잘 드러나며, 예술과 패션의 경계를 허물고 새로운 트렌드를 만들어간다. 프라다는 미우치아의 리더십 아래, 패션을 넘어 문화적 아이콘으로 자리매김했으며, 창의성과 지적 호기심을 자극하는 또 다른 세상을 열어가고 있다.

2011년부터 프라다는 '미우미우 위민스 테일즈(Miu Miu Women's Tales)'라는 프로젝트를 통해 단편 영화를 제작하고 있다. 또 여행과 아웃도어를 아우르는 '프라다 이스케이프(Prada Escape)'를 선보이며, 여행과 캠핑이라는 테마로 도시를 벗어나 자연 속으로 모험을 떠나는 여행자들을 위해, 패션과 디자인에 기능성이라는 콘셉트를 결합한 팝업을 진행하기도 했다. 프라다의 컬렉션은 한편의 예술 작품을 연상케 한다. 상상하는 모든 것을 예술로 승화시키는 그 힘은 어마어마한 규모의 패션쇼를 보고 나면 건축, 디자인, 미술, 패션이 한 공간에 어울린 종합예술임을 감지하게 된다.

최상의 옷을 만들기 위해
최고의 장인의 손길이 거쳐야 한다

전통에 대한 존경과 헌신

미우치아는 오랜 전통의 기술과 장인정신이 깃든 수공예에 대한 깊은 애정을 가지고 있다. 특히 '최상의 옷을 만들기 위해 최고의 장인의 손길이 거쳐야 한다'는 그녀의 마인드가 장인들에 대한 아낌없는 지원으로 이어진다. 자국의 영역뿐만 아니라 전통의 손 솜씨로 전통 방식을 고집하는 세계 곳곳의 숨어있는 공예 기술과 명장을 찾아내어 협업으로 이끌어 낸다. 이러한 전통 기술에 대한 남다른 애정으로 일본 고유의 기모노 스타일과 전통공예 기술의 오리가미 형태미를 이은 새로운 디자인을 선보이기도 했다. 기하학적인 패턴과 더치스 새틴을 접어 입체적 재단을 실현한 프라다는 건축에서나 볼 법한 구조적인 실루엣을 입을 수 있는 옷의 형태로 진화시켰다. 세계 경제가 서양을 중심으로 움직이며 문화 예술적 구도 역시 서양을 기준으로 돌아가고 있지만 사실 오늘날의 서양의 미적 영감이나 예술적 감각에 영향을 준 건 동양이다. 과거 실크로드를 통해 이루어진 문명의 교류 속에 단순히 실크라는 직물의 이동을 넘어 그 안에 담겨있는 장식미술과 공예, 그리고 새로운 문화에 대한 영감도 함께 제공했다. 도자기를 '본 차이나'라고 부르는 데서 알 수 있듯 동양 문화가 오늘날 서양인의 생활양식 변화에 큰 역할을 한 셈이다. 그래서인지 미우치아 프라다는 동양의 문화와 공예 기술에 대해 각별하다.

미우치아는 정교한 장인의 기술을 찾아 여러 국가들을 찾아다니며, 프라다만의 독자적인 방법으로 특정 영역의 전통적인 기술과 재료, 제조 기술을 활용해 제3세계의 전통 장인 기술과 협력하고 있다. 이러한 프로젝트로 스코틀랜드, 인도, 일본, 페루 등의 유명한 공방 전문가들과 손잡고 자국 이탈리아가 아닌 새로운 예술가의 독창성을 통해 차별화를 담아냈다. 각 나라들의 고유한 전통 기술과 섬세한 장인정신은 새로운 혁신을 만들어냈으며, 여전히 소개되지 않는 세계 여러 지역의 고유한 전통공예 기술과 문화자원을 발굴하기 위한 노력을 이어가고 있다. 특히 이탈리아 내에서 두 가지 이상의 공정을 거쳐야만 '메이드 인 이탈리아'를 사용할 수 있는 현행법안으로 인해 프라다는 '메이드 인 이탈리아'를 대신해 지역의 특색을 반영하는 로컬 마케팅 전략을 세워 프라다 고유의 레이블을 만들었다.

지속 가능한 패션의 미래

프라다는 변화하는 시대와 세계를 반영하여, 지속 가능한 패션을 향한 새로운 프로젝트인 '리나일론(Re-Nylon)'을 선보였다. 이 프로젝트는 프라다의 상징적인 나일론 가방 라인을 재생 나일론으로 제작하는 혁신적인 시도로, 지속 가능한 순환 공급망을 구축하는 데 중점을 두고 있다. 에코닐(Econyl®)[38]은 100% 재활용이

---

38 에코닐(Econyl®): 폐기된 자재와 물품으로부터 얻은 재생 가능한 나일론으로, 프라다는 이를 통해 환경에 미치는 영향을 최소화하고 지속 가능한 패션을 실현하고자 함

가능하며 무제한으로 재생할 수 있어, 이를 통해 폐기물을 생산하지 않는 새로운 패션의 개념을 제시한다. 리나일론 프로젝트는 전 세계 오 대륙의 바다와 육지에서 진행된다. 이 프로젝트는 다양한 지역에서 폐기된 자재와 물품을 수거하여 에코닐 나일론을 생산하는 과정으로 이루어진다. 이를 통해 프라다는 지속 가능한 패션을 위한 글로벌 순환 공급망을 구축하고, 환경 보호에 기여하고자 한다.

리나일론 프로젝트의 과정과 흥미로운 뒷이야기를 내셔널 지오그래픽과 협력하여 제작한 'What We Carry'라는 단편 영화 시리즈를 통해 기록했다. 이 시리즈는 프라다 리포터와 세계적인 환경 운동가, 내셔널 지오그래픽 탐험가가 참여하여 프로젝트의 공급 과정을 투명하게 강조하고, 프라다 리나일론의 목표와 의도를 시청자들에게 생생하게 전달한다. 아프리카, 아메리카, 아시아, 오세아니아, 유럽 등 전 세계를 아우르며 프로젝트의 진행 상황을 보여주며, 지속 가능한 패션을 향한 프라다의 노력을 전 세계 시청자들에게 알린다.

미국에서는 매년 160만 톤의 폐기된 카펫 중 3% 미만이 재활용되고 있다. 이러한 문제를 해결하기 위해 애리조나주 피닉스에서 카펫 재활용 프로젝트가 시작되었다. 아프리카 카메룬에서 가장 큰 호수 중 하나인 '오사' 호수는 표면적이 4,000헥타르 이상으로, 다양한 종이 살아가는 자연 서식지다. 1968년에 설립된 동식물 보호구역의 90%를 차지하는 이 호수는 주변 지역 사회에 필수적인 생계 수단을 제공하고 있다. 그러나 수십 년에 걸쳐 수백 개의 어망이 호수 속에 폐기되면서 생태계를 교란시키고, 야생 동물과 식물에게 치명적인 위험을 안겨주었다. 프라다는 이러한 문제를 해결하기 위해 오사 호수에서 폐기된 어망을 수거하고 재활용하여 에코닐 나일론으로 변환하는 프로젝트를 진행하고 있다. 이를 통해 지역사회에 필수적인 생계 수단을 제공하면서도 환경 보호에 기여하고 있다.

프라다 리나일론은 다양한 재료로부터 얻은 완전하게 재활용된 에코닐 재생 나일론을 활용하여 새로운 세대와 세계를 염려하고 민감하게 바라보는 변화된 시각을 반영한다. 에코닐 나일론은 100% 재활용이 가능하며, 앞으로도 영원히 리사이클링할 수 있다. 이를 통해 프라다는 폐기물을 생산하지 않고 무한한 가능성을 보여주는 새로운 패션의 개념을 제시한다. 이 프로젝트는 개개인의 결정에 내재된 힘과 우리가 실제로 실천에 옮기는 행위의 중요성을 일깨워 준다. 프라다는 '영원'이라는 개념을 '진정으로 끝없이 존재할 수 있는 것'으로 새롭게 정의하며, 지속 가능한 균형을 향한 인식을 제고하고 있다.

발상의 전환으로 새로운 변화를 추구하다

프라다는 유네스코와 파트너십을 맺어 여러 국가의 학생들이 참여하는 교육 활동을 진행한다. 이 프로그램은 학생들에게 플라스틱 및 순환 경제에 대한 학습과 행동을 촉진하며, 경각심을 높일 수 있는 캠페인을 고안할 수 있도록 돕는다. 이를 통해 프라다는 다음 세대가 환경 문제에 대한 인식을 높이고, 지속 가능한 미래를 위한 변화를 이끌어갈 수 있도록 지원한다.

평범한 디자인의 포화 속에서 프라다는 새로운 발상의 전환을 갖게 되었다. '메이드 인 이탈리아'만을 강조하던 프라다는 이제 세계 각 지역의 고유한 전통 기술을 가진 장인들과 협력하여 새로운 작업을 진행하고 있다. 제3세계 나라들의 전통적인 수공예 기술을 현대적으로 재해석하여 프라다만의 독특한 스타일을 창출하고 있다. 이제는 '무엇을' 샀는가보다 '어떻게' 만들었는가가 더 중요한 시점이다. 프라다의 수공예에 대한 애정은 단순히 제품 제작 방식을 넘어, 전통과 혁신을 동시에 추구하는 브랜드의 가치관과 철학을 반영한다.

장인이란 자신의 이름을 남기는 것만이 중요한 것이 아니라, 질 좋은 제품을 잘 만들고 사용자가 잘 쓸 수 있도록 만드는 사람을 의미한다. 뛰어난 기술로 탁월한 제품을 만드는 것이 아니라, 그 물건을 사용할 사람을 먼저 생각하는 마음을 제품에 담아내야 하는 것이 진정한 장인정신이다. 프라다는 이러한 철학을 바탕으로 전통적인 수공예 기술과 현대적인 디자인을 통해 앞으로도 높은 품질과 의미 있는 제품을 만들어 낼 것이다.

여행을 더욱 값지게 만드는
하트만

여행이라는 단어는 마음을 설레게 한다. 꽃향기 가득한 봄날에 펼쳐진 초원을 거닐고, 뜨거운 여름 태양 아래에서 푸른 바다의 시원한 물결에 몸을 맡긴다. 단풍이 붉게 물든 가을이면 자연의 아름다움에 감탄하고, 흰 눈으로 뒤덮인 겨울에는 따뜻한 벽난로 앞에서 뜨거운 코코아를 마시며 한 해를 돌아본다. 미지의 세계를 동경하며 가보지 않은 땅에 대한 막연한 호기심으로, 여행 준비에서부터 목적지에 도착하기까지의 모든 과정은 기대감으로 가득하다. 여행 계획을 세우고, 가고 싶은 장소를 검색하고, 필요한 물건을 준비하는 모든 과정은 설렘을 더한다.

저마다 여행을 준비하는 스타일이 다르다. 여행 전날 부랴부랴 가방을 챙기는 사람이 있는가 하면, 몇 번이고 꼼꼼하게 체크하고 정리하는 사람도 있다. 나는 후자에 속한다. 대학 시절 유럽 배낭여행을 준비하면서 70리터의 배낭을 구입했다. 한 달 전부터 실제 짐을 꾸린 채 매일매일 배낭을 메고 걷는 연습을 했다. 아르바이트로 모은 돈으로는 풍족한 여행은 꿈도 꾸지 못하고, 무조건 걷고 또 걸어야 했기에 배낭이 불편하지는 않을지, 가방이 내 몸에 익숙해질 수 있도록 열심히 준비했다. 내 키만큼이나 크고 무거웠던 가방을 들어 올릴 때마다 배낭의 무게가 나를 짓누르는 듯한 압박감을 느꼈다. 하지만 그 무거움도 잠시, 여행이라는 것은 떠나는 그 자체로 행복한 일이기에 이내 가방은 솜털처럼 가벼워졌다.

여행, 세상을 향한 두근거림

여행 수요가 늘면서 해외여행이 일상이 된 요즘, 여행은 더 이상 특별한 이벤트나 행사가 아닌 하나의 라이프스타일로 자리 잡았다. 여행의 필수템인 가방도 그 변화에 맞춰 변모하고 있다. 과거에는 싸고 튼튼한 캐리어만을 찾던 소비자들이 높은 내구성과 편안한 사용감을 중요시하며, 시간이 흘러도 유행을 타지 않는 가방을 선호하게 되었다. 트렁크는 이제 단순한 짐 가방의 개념을 넘어, 여행의 질을 좌우하는 중요한 기준 중의 하나가 되었다. 소중한 물품을 보관해 주며, 자신만의 패션을 완성하는 트렁크는 여행의 들뜬 마음을 고조시키는 데 중요한 역할을 한다. 더욱이 낯선 땅에서 여행을 마음껏 즐기기 위해서는 튼튼하고 기능성이 뛰어난 여행용 캐리어를 선택해야 한다.

여행 가방은 단순한 수납 도구를 넘어, 여행자의 개성과 취향을 나타내는 중요한 패션아이템이다. 다양한 브랜드에서 제공하는 세련된 디자인과 기능성의 가방들이 이제는 여행 준비의 필수 조건이며, 여행의 만족도를 좌우하는 요소 중 하나다. 여행용 캐리어는 소재에 따라 소프트 타입과 하드타입으로 나눌 수 있다. 소프트 케이스는 부드러운 직물을 이용해 신축성이 우수하고 무게가 가볍지만, 오염되기 쉽고 방수성이 약하다는 단점이 있다. 반면 하드 케이스는 무겁고 딱딱하지만, 외부 충격으로부터 내부를 보호할 수 있어 내구성이 강하다는 장점이 있다. 각

각 소재는 저마다의 장단점을 가지고 있어, 여행의 성격이나 장소, 내용물에 따라 적합한 캐리어를 선택하는 것이 바람직하다. 여행 가방을 고르는 일은 여행 자체를 계획하는 것만큼이나 신중하다. 여행이 더욱 편안하고 스타일리시하게 빛날 수 있도록, 나만의 여행 스타일과 목적에 맞는 완벽한 가방을 찾는 데 조금 더 많은 시간을 투자해보자.

전통과 혁신이 살아 숨 쉬는 아메리칸 스타일

1877년 조셉 S. 하트만(Joseph S. Hartmann)은 미국의 위스콘신주 밀워키에 전통 아메리칸 스타일의 여행용 가방 컬렉션을 선보인다. 하트만(Hartmann)은 지금까지 140년간 정교한 핸드메이드 여행 가방을 만들어 왔다. 고전적인 선박용 여행 가방과 기차 객실용 트렁크에서부터 오늘날 매끈하게 빠진 기내용 가방에 이르기까지 오랜 시간 다양한 모습으로 진화해 왔다.

1910년대 미국의 산업이 급성장하면서 전국에 철도가 개통되고 38개 주가 서로 연결되자, 사람들의 여행이 급격히 늘기 시작했다. 교통수단이 마차에서 기차로 옮겨지면서 가볍고 견고한 여행용 트렁크가 필요하게 되었다. 당시 원형으로 되어있는 여행 가방은 운반하기에 매우 불편했기에, 하트만은 이를 고민했고 다양한 형태와 크기의 여행용 가방을 만들기 시작했다. 1950년대에는 상업용 비행기가 보편화되면서 항공 여행이 흥미롭고 매력적으로 인식되었다. 하트만은 이러한 변화에 발 빠르게 대응하며, 부유한 해외여행자들을 위한 특별하고 고급스러운 가방을 제작하기 시작했다.

당시 여행 가방의 큰 문제점은 여행 기간 동안 가방 안에서 옷이 구겨지고 뒤엉키는 것을 해결하는 데 있었다. 그 해결책으로 구김을 방지하고 코트를 걸어서 보관할 수 있는 트렁크를 개발하게 된 것이고, 그것이 세계 최초로 제작한 쿠션 톱 워드로프 트렁크(Cushion Top Wardrobe Trunk)다. 이 혁신적인 가방은 품질과 내구성뿐만 아니라 여행 중 옷이 구겨지는 문제를 해결하며, 귀족들에게 대단한 만족감을 안겨 주었다. 소비자의 요구를 충족시키며 대통령, 할리우드 배우 혹은 유명 인사들 사이에서 단연 유행하게 되었고, 전 세계로 50만 개 이상이 판매되었다.

클래식한 디자인과 최첨단 기술의 만남

하트만은 수십 년 동안 알루미늄과 강철을 소재로 프레임 트렁크를 사용했다. 그러나 제2차 세계대전 당시 군수 물자난으로 철강이 부족해지면서, 미 해군과 기술 합작을 통해 유연한 소재의 잘 구부러지는 참피나무 프레임을 개발하게 되었다. 수많은 연구와 복잡한 테스트를 거친 후 하트만은 경량의 내구성이 강한 우드베이스(Basswood) 프레임을 완성하는 데 성공한다. 이 가방은 매우 가볍고 튼튼해서 이동하기에 최적의 조건을 갖추고 있다. 개발한 시팩(Seapack)은 전쟁 중에 군인들이 이 재료를 사용하면서, 고된 여행을 견디기 위해서는 참피나무가 알루미늄이나 스틸보다 더 낫다는 것이 입증되었다. 이러한 유연한 나무 프레임을 사용했던 스카이메이트(Skymate)는 더 넓은 공간과 편리함을 위해 새롭게 측면 패널이 디자인되었다.

당시 가죽 슈트 케이스가 안고 있는 문제점은 모서리 부분의 마모와 찢어짐이다. 이를 해결하기 위해 하트만은 여러 연구 끝에 최고의 내구성과 브랜드 개성을 가진 새로운 가죽을 개발하게 된다.

이 베지터블 탠 레더(Vegetable Tanned Leather)[39]를 사용해 자연스러운 컬러와 경년 변화를 특징으로 하는 가죽을 제작했다. 베지터블 탠 레더는 식물성 염료로 무두질했으며, 시간이 지남에 따라 자연스러운 색 변화와 부드러움을 더해간다. 모든 가죽 디테일에는 벨팅 레더(Belting Leather)를 사용하여 하트만 가방의 내구성과 견고함을 더했다. 벨팅 레더는 기계의 동력 전달에 사용되는 가죽으로, 보통 타닌 무두질 가죽으로 만들어진다. 이 가죽은 탄성이 풍부하고 인장강도가 강해서 유연하고 마찰력이 크며, 미끄러짐이 적은 특징을 가지고 있다. 하트만은 이러한 독자적인 가죽 사용으로 재질의 견고함과 내구성을 인정받았다. 이후 하트만은 미국 최초의 제트 여객기에서 영감을 얻어 초경량 'Hartmann 707' 트렁크를 개발했다. 이 제품은 영화 '007시리즈'의 원작가 이안 플레밍(Ian Fleming)이 제임스 본드가 사용하는 가방으로 설정하면서 더욱 유명해졌다.

---

39 베지터블 탠 레더 (Vegetable Tanned Leather) : 식물성 염료로 무두질한 가죽으로서 가죽 원피에 식물성 염료를 침투시켜 염색하는 방법이다. 제작 시간이 오래 걸려 대량생산이 어렵지만 가죽의 경년 변화 현상이 뚜렷하게 나타나며 자연스러운 컬러를 담고 있는 것이 특징이다. 시간이 지날수록 자연스러운 색 변화와 함께 사용하면 할수록 부드러워진다.

1980년대 보잉747 항공기의 출항과 함께 저렴한 항공 운송 시대가 도래한다. 대중의 항공기 이용이 급증했고, 이에 따라 여행 가방의 필요성도 증가했다. 이에 맞춰 'Hartmann 747'을 출시하면서 실내 사양에 맞는 '3피스 수하물 세트'로 '747 캐리 온(Carry-on)'을 디자인했다. 그 후로도 고급 지향적인 마케팅을 통해 하트만 제품의 철학을 앞세우며 프리미엄 여행 가방으로 알려지게 되었다. 20세기 초 장식예술인 아르데코에서 영감을 받아, 트렁크 외관 디자인을 표현하게 된다. 직선에서 섬세한 선이 더욱 두드러지며, 여행용 가방의 또 하나의 이상적 디자인을 선보였다.

  하트만의 제품은 기계 공정과 더불어 수작업으로 이루어진다. 장인의 손에서부터 시작되는 하트만 '7R MASTER'의 경우 하나의 완성품이 세상에 나오기까지 무려 40가지 이상의 특별한 도구를 사용하며, 250단계 이상의 공정에 조립과정을 거쳐 마무리된다. 우수한 알루미늄 소재는 최고의 내구성과 보호력을 갖추며, 고급스러움을 더한다. 단단한 알루미늄은 시간이 지날수록 질 좋은 가죽과 함께 더욱 멋스러워진다. 세련된 마감을 위해 여행 가방 주위에 가죽 모양의 스트립을 배치하고, 휠은 특별 주문 제작으로 부드러운 롤링을 위한 볼 베어링 장착 다중 휠 시스템을 적용했다. 손잡이는 쉬운 그립과 간편하게 들 수 있도록 가죽 상단 그립으로 설계되어 휠을 자유자재로 움직일 수 있게 했다. 하트만은 장인의 기술과 끊임없는 혁신을 통해 우수한 품질과 세련된 디자인을 제공하며, 여행 가방의 명품 브랜드로 자리매김했다.

스마트 시스템을 적용한 프리미엄 여행 가방

하트만 트렁크가 다른 여행용 가방과 차별화되는 요소는 140년의 역사 속에서 그들만이 지켜온 고유의 가죽 디테일 표현 기술이다. 가방의 손잡이나 지퍼 테두리와 같은 부분에서 사용자의 손길이 닿는 구석구석 세심한 가죽 장인의 섬세함이 살아있어 고급스러움을 강조한다. 이러한 고유의 가죽 디테일 표현 방식은 클래식하고 우아한 멋을 더하는 외관 디자인과 함께 기능적인 측면에서도 첨단 기술이 융합되었다. 하트만 전 제품에 적용된 히노모토의 폴리우레탄 100% 바퀴는 '4-웨이 사일런스' 기술로 주행 소음이 적고 롤링이 부드러우며, 마모에도 강하고 충격 흡수 기능을 갖추어 편의성을 극대화한다. 특히 중년층 이상의 부모님 세대가 사용할 때 관절이나 척추에 무리가 가지 않도록 설계되어 장거리 여행에서도 사용이 편리하다. 인체 공학적 최첨단 과학기술의 결과물이라 해도 과언이 아니다.

명품이란 시대를 떠나
불멸성이 존재해야 하고,
그것이 곧 제품의
상징이 되어야 한다

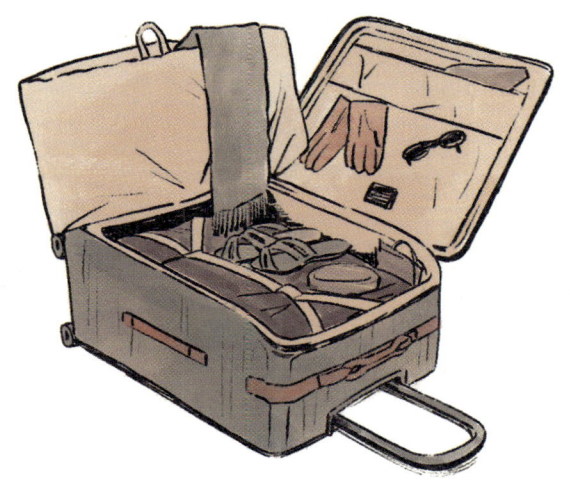

　이외에도 가방을 끌었을 때 소음이 없고 충격을 흡수해주는 고급 휠을 사용하여 이동이 편리하고, 안전한 여행을 위해 부착한 TSA 설정형 잠금장치와 메탈 행거가 부착된 스마트팩(Smartpack)[40] 시스템을 적용하고 있다. 세찬 비바람에도 거뜬한 방수 처리 기능은 물론이고 안전하고 실용적인 내부 구조를 가지고 있다. 하트만은 고급스러운 소재와 클러식한 디자인 그리고 최첨단 기술을 융합한 동시에 최고의 장인정신으로 오랜 기간 미국인들의 사랑을 받아 온 여행용 트렁크 브랜드로서 지난 2012년 쌤소나이트 글로벌에서 인수하였다. 이후 유럽, 미국, 아시아 디자이너로 구성된 프로젝트팀의 리뉴얼 작업을 통해 탄생한 새로운 컬렉션과 함께 본격적인 국내 활동도 시작하였다.

40　스마트팩 시스템(Smartpack): 내부 수납공간을 꼼꼼하게 분류해 효율적인 수납이 가능하도록 한 기술이다. 옷을 옷걸이에 건 채로 수납할 수 있는 공간을 뜻하는 '가먼트 수터'와 작은 소품들을 넣을 수 있는 파우치 등을 함께 구성해 여행 가방으로서 실용성을 극대화했다.

감성 커뮤니케이션의 도래

하트만은 140여 년 동안 쌓아온 전통과 노하우로 최고 품질의 여행 트렁크를 제작하는 브랜드로, 시대의 변화에 흔들리지 않고 고유의 디자인 철학을 유지하고 있다. 하트만은 파격적인 변화보다는 작은 변화를 통해 큰 의미를 부여하는 제품을 추구하며, 시대가 바뀌어도 오랜 세월 변함없이 한길을 걸었다. "명품이란 시대를 떠나 불멸성이 존재해야 하고, 그것이 곧 제품의 상징이 되어야 한다"는 신념을 바탕으로 정체성을 지켜왔다.

역사의 흐름 속에서 변함없이 이어져 내려오는 전통에는 깊은 의미가 담겨 있다. 마치 고요한 호수 위의 수련처럼 흐르는 시간 속에서도 자신의 아름다움을 발산한다. 이러한 전통은 깊은 감동을 선사하며, 하트만 제품의 가치를 더욱 빛나게 한다.

21세기 소비자들은 단순히 기능적인 제품을 넘어, 자신의 감성을 표현하고 만족을 얻기를 원한다. 하트만은 이러한 소비자의 요구를 반영하여, 단순한 여행용 가방이 아닌 사용자의 감성을 자극하고 공감을 불러일으키는 여행 트렁크를 제작한다. 세련된 디자인과 고급스러운 소재는 물론, 사용자의 라이프스타일에 맞는 다양한 모델들은 여행을 더욱 특별하고 의미 있는 경험으로 만들어 준다.

명품, 쓰임의 미학
ⓒ 김혜원 2024

초판인쇄	2024년 12월 14일
초판발행	2024년 12월 14일

지은이	김혜원
그림	김민하
편집	김희숙
발행인	정원기
펴낸곳	굿웰니스

전화	063-714-4977
등록번호	제2024-000009호
등록일자	2024년 11월 20일

값	25,000원
ISBN	979-11-990309-0-9

이 책의 일부 내용을 재사용하려면 사전에 저작권자와 굿웰니스의 동의를 받아야합니다.
잘못된 책은 바꾸어 드립니다.